KB078373

박물관의 탄생

차례
Contents

박물관은 박물관이 아니다

언어는 우리의 사고와 행동을 절반 이상 지배한다. 따라서 적절한 용어를 선택하는 일은 매우 중요하다. 외래어의 경우 특정한 번역어의 정착은 의도적이든 비의도적이든 간에 결코 사소하지 않은 결과를 초래한다. 우리에게 익숙한 박물관(博物館)이라는 용어가 그 예이다. 그것은 주지하다시피 서양어 'museum'을 한자어로 번역한 것인데, 한자의 뜻 그대로 풀이하면 온갖 잡동사니를 펼쳐놓은 곳을 의미하게 된다. 이러한 번역어 때문인지 우리의 '박물관'은 그저 '박물(博物)'의 차원에 머물러 있는 경우가 많다.

박물관이란 번역어는 사실상 원어의 뜻을 변질시키고 있다. 'museum'이라는 용어는 본래 그리스어 '무제이온(mouseion)'

에서 비롯되었다. 무제이온은 원래 학예를 관장하는 아홉 명의 뮤즈(muse)여신들의 전당을 지칭하였다. 그것은 이미 어원에서부터 '박물'관과는 거리가 멀며, 오히려 과거의 신성한 지혜와 유산을 일상적 삶의 폐해로부터 보존하는 성소(聖所)라고 할 수 있다. 물론 이러한 어원과는 많이 멀어졌지만 아직도 'museum'은 본래 지녔던 특별한 가치를 유지하고 있다. 이곳은 옛사람들의 흔적이 담긴 '유물'들을 만날 수 있는 곳이다. 유물들은 잡동사니가 아니다. 이들은 더 이상 일상적 유용성을 지니지 않은 채 어둠 속에서 신비한 후광에 둘러싸여 있다. 이처럼 우리에게 속하지 않는 세계를 생생하게 만날 수 있다는 점이 우리를 매료시킨다. 이 그늘진 공간에는 마치 방부 처리된 미라처럼 세심하게 보존(또는 복원)된 항아리나 동검 또는 그림과 조각품들이 고이 잠들어 있다. 이런 점에서 본다면 'museum'이라는 용어가 그리스어 'mausoleum'과 친족관계에 있다는 점은 그리 놀랄 일이 못 된다. 그것은 '묘지'를 의미한다.

박물관은 죽은 자들과 잠시나마 면담할 수 있는 곳이다. 죽은 자들이란 본래 말이 없는 법이다. 무뚝뚝한 그들과 의사소통을 하려면 우리 쪽에서 갖은 제스처를 동원해 말을 걸고 이어가야 한다. 아쉬운 것은 우리 쪽이니 별 도리가 없다. 그런데 이렇게 성심을 다하여 대화를 나누어도 그들이 말하는 바를 우리가 올바로 이해했는지는 도대체 분명치가 않다. 우리는 그저 이만하면 의사소통이 잘 된 것 같다고 자족할 수 있을 뿐이다. 사실 박물관의 유물들은 그 자체로는 별로 많은 것을 전해주지 않는다. 땅속에서 끄집어낸 다 깨진 도자기 몇 점이 과연 우리에게 무엇을 말해줄 수 있다는 말인가? 사정이 바로 이러하기에 우리는 귀신과의 만남을 중재하는 일종의 현대판 영매(靈媒), 즉 큐레이터의 도움을 필요로 하는 것이다. 묵묵부답의 상대와 능숙하게 대화를 이끌어가는 큐레이터의 말솜씨를 통해서 유물은 비로소 자신의 속내를 드러낸다.

물론 큐레이터는 무당보다 훨씬 영악한 면이 있다. 큐레이터는 자신의 '굿'판에서도 정말로 혼을 잃지는 않는다. 그는 오히려 정신을 바짝 차리고서 귀신과의 대화를 '연출'한다. 그가 관심을 두는 것은 사실상 귀신보다는 구경꾼들이다. 어차피 구경꾼들은 귀신의 말을 들을 수가 없다. 말은 고스란히 무당의 몫인 것이다. 박물관의 관람객들은 큐레이터 없이는 유물의 의미를 이해하지 못한다. 큐레이터는 관람자를 위해 돌부스러기에 질서를 부여한다. 유물의 의미는 미리부터 주어져 있는 것이 아니라 큐레이터가 부여하는 것이다. 큐레이터는 유물의 의미뿐만 아니라 더 나아가 유물 자체를 창조하기까지 한다. 실제로 어떤 유물이 '유물'로 선택될 수 있는 것은 상당 부분 큐레이터의 까다로운 결정에 의존한다. 박물관에서 큐레이터의 역할은 매우 크다. 어쩌면 큐레이터는 자신의 말을 효과적으로 전달하기 위해 유물의 권위를 이용하는 것일 수도 있다. 마치 귀신의 권위를 빌려 자신의 권력을 행사하던 고대의 제사장처럼.

물론 큐레이터 혼자서 유물을 좌지우지하는 것은 아니다. 큐레이터가 특정한 유물을 '수집'하고 그것에 일정한 질서를 부여할 때, 이 일이 자의적으로 이루어지지는 않는다. 여기에는 특정한 시대와 지역의 정치, 사회, 문화적 조건들이 큰 영향력을 행사한다. 만약 이러한 조건들을 무시한다면 박물관은 유지될 수 없다. 관람자들로부터 쉽사리 외면을 당할 것이기 때문이다. 관람자의 상상력을 자극하지 못하는 유물전시는 마치 지루한 굿판과도 같은 것이다. 무당이 더 이상 칼 위로 올라서지 못할 때 사람들은 떠나버린다.

박물관은 단순한 '박물'관이 아니다. 옛사람들의 삶의 흔적을 보존하는 동시에 그것이 우리에게 줄 수 있는 적절한 의미를 끊임없이 창조해내는 기관이다. 물론 유물이 아예 존재하지 않는다면 의미를 부여할 수 있는 근거가 없게 되지만, 의미가 부여되지 않고서는 찬란한 유물도 한낱 돌 부스러기에 불과할 뿐이다. 따라서 박물관은 부단히 변화해가는 기관이다. 그것을 둘러싸고 있는 환경의 변화에 따라 박물관은 유물의 수집과 분류 그리고 전시의 방식에 있어서, 더 나아가 자신의 궁극적 목적과 성격에 있어서 변화해왔다. 박물관은 고고학적, 민속학적 기념물이든 사적(史蹟)이든, 식물이든 동물이든 인간의 사체이든 간에, 아니면 고문서이든 기계이든 예술품이든 간에 모든 것을 유물로 받아들여왔다. 또한 이와 병행하여 자신의 성격을 미술관, 역사박물관, 민속박물관, 과학·산업박물관, 자연사박물관 그리고 근래의 '에코뮤지엄(ecomuseum)'[1]

등으로 끊임없이 변형, 확대시켜왔다. 그러나 가장 중요한 것은 이러한 외연보다는 박물관을 박물관으로서 존재하게끔 만드는 내재적인 요소들이다. 과연 박물관을 박물관이 아닌 것과 구별시켜주는 기준은 무엇인가? 왜 박물관이 존재하게 된 것일까? 무엇이 한 사물을 박물관의 유물로서 변모시키는가? 박물관에서 공간, 시간, 주체, 대상 간의 관계를 규정하는 것은 무엇인가?

이 글은 박물관을 성립시키는 이러한 내재적 요소들을 규명하기 위하여 그것의 형성 과정을 살펴보려고 한다. 박물관이 잡동사니를 쌓아두는 밀폐된 창고가 아니라 역동적인 변화의 장이라면, 마땅히 그것이 어디로부터 기원했으며 어떠한 과정을 거쳐 형성되고 또 진화되어왔는지에 대해 알아볼 필요가 있을 것이다. 이는 고정된 이론을 제시하는 것보다 훨씬 효과적일 수 있다. 박물관은 아직도 활력이 넘치는 곳이다. 화려한 중년을 구가하는 사람이 있다면 그의 삶에 대해 최종적 평가를 내리는 일은 일단 보류하자. 대신 그 중년 신사의 출신 가문과 성장 배경에 관심을 기울여보자. 아마도 그와 한층 더 가까워질 수 있을 것이다.

기원 : 르네상스시대의 미적 개인주의

　언제부터인지 모르지만 박물관은 우리에게 꽤 친근한 장소가 되어 있다. 일종의 복합적인 교육·문화센터로서 다수의 흥미로운 볼거리를 제공하는 이곳은 종류와 수 그리고 관람객 동원 등 전 부문에서 갈수록 증가 추세를 보이고 있다. 이것은 또한 매우 국제적인 현상이기도 하다. 그래서 일부 성급한 이론가들은 이를 두고 '문화의 박물관화(musealization)'라며 호들갑을 떨기도 한다. 어찌 되었건 박물관이 호경기를 맞고 있는 것만은 분명하다. 그런데 이러한 현상은 박물관의 성격과 형태가 변화되는 양상과 무관하지 않다. 사실 근래에 들어 박물관은 자신의 고전적인 모양새를 차츰 잃어가고 있다. 예를 들어 요즘 인기 만점인 '어린이박물관'에 가보면 어디를 둘러보

아도 '묘지' 같은 느낌은 찾아볼 수가 없다. 그곳은 환하고 일상적이며 흥미롭고도 다정한 공간이다. 박물관은 이제 청년기의 귀공자 같고 까다롭던 모습을 점차 중년기의 넉살 좋은 모습으로 바꾸어가고 있다. 주변에 사람들이 모여드는 것은 바로 이 때문이다. 그렇다면 과연 박물관이 정말로 박물관다웠던 시절의 모습은 어떠하였던가? 그것은 언제부터 그래왔던가? 과연 지금 무엇이 어떻게 변했다는 말인가?

무제이온 이후

우리가 알고 있는 '무제이온'은 기원전 290년경 이집트의 알렉산드리아에 설립된 일종의 연구·교육센터였다. 뮤즈여신들에게 봉헌된 이 기관은 도서관 외에 천체관측소와 다양한 연구 및 교육시설 그리고 모든 분야의 수집품을 보유하고 있었다. 2,300여 년 전의 기관과 오늘날의 기관 사이의 거리는 그렇게 크지 않은 편이다. 그러나 무제이온 이후 이러한 기관은 오랫동안 종적을 감추어버렸다. 흔히 '암흑시대'라고도 불리는 중세 서양에서 그나마 박물관과 유사한 기능을 수행한 것은 수도원의 '보고(寶庫)'였다. 6세기에 몬테카시노(Monte Cassino) 소재의 베네딕트 수도원은 고대로부터 전해진 유물과 기독교 성물(聖物)을 모아둔 보고를 지니고 있었다. 물론 소장품들은 뚜렷한 기준에 따라 수집된 것이 아니었고 별로 세심하게 보존되지도 않았다. 금은의 비율이 높아 경제적 가치가 있거나 아니면 종교적 숭배의 가치가 있는 것이면 무엇이든 소장품이 될 수 있었으며, 위급한 시기에는 곧바로 재정적 담보물로 전환될 수 있었다. 보고에 쌓여 있는 금은세공품을 녹여서 판매하는 것은 별로 이상한 일이 아니었다. 이러한 관행은 꽤 오래도록 지속되었다. 한 예로 15세기 중엽 교황 칼릭스투스 3세(Calixtus III)가 오스만 투르크와의 전쟁비용을 충당하기 위해 선대 교황 에우게니우스 4세(Eugenius IV)의 관(冠)을 녹였던 일을 들 수 있다. 이 관은 저명한 조각가 기베르티(Lorenzo Ghiberti)가 만든 걸작품이었다. 심지어는 프랑스 혁명기에 이르러서도 이러한 예는 심심치 않게 발견된다. 나폴레옹이 벌인 혁명전쟁의 재정을 충당하기 위해 프랑스 수도원에 보존되던 중세의 보물들이 대거 녹여졌다. 이것은 지금으로부터 겨우 200년 전의 일이다.

무제이온이 사라진 후 아주 오랫동안 그에 상응하는 기관이 형성될 기미는 보이지 않았다. 다만 보고가 점차 확대되어 나간 것은 괄목할 만한 점이었다. 중세가 무르익어가면서 세속 군주의 힘이 증대되어갔고 그들도 점차 자신의 보고를 갖추어가기 시작하였다. 이러한 추세에 불을 지른 것이 바로 십자군전쟁이었다. 전례 없는 규모의 동방원정을 통해 비잔틴제국과 아랍세계의 진기한 물건들이 전리품으로 노획되자 그때까지 빈약하기 이를 데 없었던 소장품목이 크게 늘어날 수 있었다.

후원과 수집행위의 등장

박물관의 정통적 기원이 될 변화의 조짐은 이후 수세기가 지나서야 비로소 나타났다. 이탈리아 '르네상스(Renaissance)'가 바로 그것이었다. 14세기 후반이 되어 이탈리아에서는 과거의 유산에 대한 새로운 관심이 생겨났다. 이 시기에 등장한 '인문주의자'들은 잊혀진 고대세계의 문화에서 미래에 대한 새로운 비전을 찾았다. 그들의 눈에는 자신들의 직접적인 조상이 암흑시대를 연 야만인과 다를 바 없이 보였다. 인문주의자의 새로운 관심 덕분에 오랫동안 파묻혀 있던 성경의 필사본, 조각품, 동전, 메달, 건물의 파편, 무덤이나 기념비의 비문들이 다시 세상의 빛을 보게 되었다. 이들은 새로이 복원되고 해석되었다. 이처럼 고대의 문예가 서서히 부활함으로써 새로운 문화의 지평이 열리게 되었다. '콰트로첸토(quattrocento)'라 불리는 15세기와 '친퀘첸토(cinquecento)'라 불리는 16세기의 이탈리아에서는 고대를 능가하는 찬란한 문화가 꽃피어났다. 이후 고명한 역사가 부르크하르트(Jacob Burckhardt)는 이 시대를 "세계와 인간의 발견"으로 묘사한 바 있다. 이 시대에는 여타 영역과 더불어, 특히 미(美)의 세계가 새로이 '발견'되었다.

르네상스시대의 부호와 권력자들은 고대의 예술작품을 수집하기 시작했을 뿐만 아니라 새로운 예술창작을 적극 후원하고 나섰다. 이들을 움직인 새로운 동력은 서서히 형성되고 있던 '미적 취향'이었다. 그것은 매우 개인화된 가치였다. 이제

11

이들 예술 애호가들의 관심을 끄는 것은 경제적이거나 종교적인 가치보다는 미적 가치였다. 인습적인 기법을 벗어나지 못하는 화공(畵工)이나 예술성이 엿보이지 않는 물품들은 외면당했다. 걸작품은 곧바로 경제적 가치로 환원되기보다는 그것의 예술성을 알아볼 수 있는 다른 수집가에게만 다시 판매되었다. 바로 이와 같은 '후원(patronage)'과 '수집(collection)'행위야말로 박물관 형성의 토대를 이루는 것이었다.

물론 르네상스기의 후원과 수집행위를 순수한 '미적 취향'의 소산으로만 본다면 이는 오산일 것이다. 아직 '미'라는 새로운 가치는 충분히 자립할 만한 토대를 지니지 못한 상태였다. 문예부흥에는 사실상 경제적인 배경이 크게 작용했다. 14세기에 베네치아 등 북부 이탈리아의 도시들을 중심으로 원격지 무역이 활성화되자 그간 활기 없던 시장에 새로운 상품이 출현하게 되었고, 이는 다시금 새로운 물질적 욕구를 자극시켰다. 무역과 금융업으로 부를 축적한 상인층은 고대의 유물로 손을 뻗치기 시작했다. 이들에게 아름다운 예술작품, 특히 고대의 조각품을 소유하는 것은 자신의 부와 명예를 과시할 수 있는 최상의 수단이 되었다. 이는 14세기의 인문학자들이 본래 의도했던 것과는 판연히 다른 것이었다. 부호들의 경쟁적인 조각품 수집으로 인하여 얼마 가지 않아 원본의 공급은 한계에 이르고 모조품 제작이 번성하게 된다.2)

르네상스시대에 후원과 수집에 있어서 가장 선도적이며 대표적이었던 것은 금융업으로 성장해 도시국가 피렌체의 권력을 거머쥔 메디치(Medici) 가문이었다. '구(舊) 코시모(Cosimo il Vecchio)'라고도 불렸던 코시모 데 메디치(Cosimo de' Medici)로부터 교황 레오 10세(Leo X)를 거쳐 피렌체 공화정을 종식시킨 코시모 1세(Cosimo I)에 이르기까지 메디치 가문이 이룩한 문화적 위업은 이미 우리에게 잘 알려져 있다.[3] 그러나 이 고상한 가문에 대해 환상을 갖지는 말도록 하자. 메디치에 대한 우리의 전반적 인상은 르네상스시대 예술가들의 삶을 기록한 바자리(Giorgio Vasari)의 유명한 평전에 의해 각인되어 있다. 바자리는 16세기 당시 몰락해가던 메디치 가문의 영광을 다시 찾고자 예술의 권위에 의지하였던 코시모 1세의 미술 고문이었다. 바자리는 자신의 선배 예술가들은 물론 그들을 후원하였던 메디치 가문에 신화의 후광을 부여했다. 따라서 우리는 그의 평가를 곧이곧대로 받아들일 수 없다.

메디치의 적자(嫡子)들이 미술품 구입에 열을 올렸던 것은 순수하게 미적인 동기에 근거한 것이 아니었다. 그들은 가문의 사회적인 지위를 상승시키고 정치적 영향력을 강화하기 위해 미술의 시각적 권위를 이용하고자 했다. 이 새로운 지배권력은 세습된 권좌에서 나온 것이 아니어서 정통성이 매우 취약하였다. 따라서 새로운 권위가 상징적인 힘을 통해 만들어져야 했다. 미술품이 바로 이 역할을 수행했다. 메디치는 정치권력을 획득하면서 곧 경제 영역으로부터 문화 영역으로 시선을 옮겼다. 이들이 미술품 구입을 위해 허세를 부리며 지출한 과도한 경비는 경제적 기반을 통해서 가능했고, 또 그것을 과시하기 위한 것이었지만, 동시에 그것을 은폐하기 위함이기도 했다. 찬란한 예술의 후광이 이 새로운 지배자의 얼굴에 서린 천한 장사치의 인상을 감추어줄 수 있었던 것이다.

그러나 메디치의 주인들은 다른 예술 애호가들과는 구별되는 비범한 측면을 지니고 있었다. 그들은 단순히 고대작품들을 수집하는 데 그치지 않고 직접 작품을 주문했으며, 또한 작품의 제작에도 적극 개입했다. 본래 상인으로 훈련되고 생애의 많은 시간을 금융업과 무역에 할애했던 코시모 데 메디치는 엄청나게 축적된 부와 그것을 뒷받침하던 인적 네트워크를 동원해 예술후원사업에 뛰어들었다.4) 이 방면에 문외한이었던 그는 명망 높은 조각가 도나텔로(Donatello)의 조언에 크게 의지해야 했으나, 그의 아들 피에로(Piero de' Medici)를 거쳐 손자 로렌초(Lorenzo de' Medici)의 시대에 이르렀을 때 메디치 가문은 이미 이탈리아 최고의 후원자로 성장해 있었다. 로렌초는 전 이탈리아에서 미적 취향을 선도하는 '대(大) 로렌초(Lorenzo il Magnifico)'로 숭앙되었다. 할아버지와는 달리 인문주의 교육을 제대로 받고 많은 시간을 궁정에서 보냈던 그는 미술작품을 누구보다 잘 이해하고 있었으므로 작품의 내적 구성에까지 깊이 관여할 수 있었다.

로렌초에게 있어서 후원과 수집행위는 완전히 결합되었다. 그를 통하여 특정한 후원자가 개개의 '예술가'에게 직접 작품을 주문하고 그것을 구입하는 풍조가 자리잡게 되었다. 결국 이 시기에 이르러 미술품을 평가할 수 있는 '전문가

(connoisseur)'가 등장한다. 이는 미적 감상이 미술품의 제작으로부터 분리되어 그 상위에 올라서게 되었음을 말해준다. 르네상스문화가 무르익어가면서 후원과 수집은 지극히 개인적인 사안으로 자리잡았다. 그것이 순수한 미적 취향에 의한 것이든, 아니면 단순한 자기과시에 불과한 것이든, 당사자가 정치적 지배자이든 부호이든 간에 상관없이, 후원과 수집행위는 순전히 개인의 욕망을 분출하는 장이 되었다. 역사가 부르크하르트가 대가다운 안목으로 지적했듯이, 바야흐로 세속화된 개인의 시대가 열린 것이다.

새로운 주체적 의식은 가시적인 공간의 구축으로 이어졌다. 아무리 후원과 수집에 열성을 다한들 그 결실을 담을 수 있는 공간이 없다면 모두 무의미한 일에 불과했다. 이 시기의 권세가들에게 있어서 자신의 부와 고상한 미적 취향을 한껏 과시할 수 있는 진열공간을 마련하는 것은 최고로 가치 있는 일이었다. 자신만의 공간이야말로 이들이 발산할 수 있는 인간적에너지의 총화였던 셈이다. 이들은 자신의 주거공간과 서재, 정원과 별장, 심지어는 묘실까지를 아름다운 진열공간으로 꾸미는 데 심혈을 기울였다.

피렌체가 한창 경제적으로 번영하고 있던 15세기 초반 코시모 데 메디치는 20년에 걸쳐 메디치궁(Palazzo Medici)을 건설하였다. 코시모가 본래 의도한 것은 공적인 성격을 갖는 평범한 건물이었지만, 이곳이 아들과 손자에게 물려지면서 점차 개인적 욕망을 실현하는 공간으로 가꾸어져갔다. 극도로 화려

메디치궁의 안마당.

하게 치장된 이곳에는 메디치가 수집한 온갖 소장품들이 진열
되었다. 이러한 공간의 형성은 사실상 기존의 가치관을 벗어남
으로써만 가능했다. 옛 중세 교회의 회화나 조각품들은 문맹자
에게도 교훈적 가치들을 전해줄 수 있었다. 그러나 메디치궁의
공간은 권력자의 지배를 공고화하고 정당화하는 권력의 테크
놀로지로서만 기능했다. 그곳에서 아름다움을 향유할 수 있는
자격은 오직 권력자와 그의 주변을 둘러싼 사람들에게 국한된
다. 문화적 차별은 지배를 일상화하는 효과를 낳는다.

　르네상스시대에 새로이 등장한 진열공간은 지극히 자기만족
적이고 폐쇄적인 성격을 지녔다. 당시의 권세가들은 자신의 소
장품을 처음에는 주로 '스투디올로(studiolo)'라 불린 일종의 서
재에 진열하였다가 점차 화려한 정원과 별장으로 옮겨놓았다.
당대 최고의 스투디올로로서는 메디치 소유의 우피치(Uffizi)에

소재한 '트리부나(Tribuna)실'을 꼽을 수 있고 최상의 정원으로
는 교황 이노센트 8세(Innocent Ⅷ)의 개인 소유였던 벨베데레
(Belvedere)궁의 조각정원을 꼽을 수 있었다. 이 중 우피치의 트
리부나는 특히 주목할 필요가 있다.

　역사적으로 우피치는 박물관의 시원이라고 말해진다. 우피
치는 1560년경 코시모 1세가 바자리를 건축책임자로 임명하
여 건립한 것이다. 원래 사무실 용도로 지어진 이 건물 4층의
'ㄷ'자 모양의 회랑에는 특별히 메디치의 방대한 소장품을 진
열할 수 있는 공간이 마련되었다. 이 회랑을 지칭하던 '갈레리
아(galleria)'라는 명칭에서 오늘날의 '화랑(gallery)'이라는 말이
유래하였다. 이곳에는 메디치가 숭배했던 위대한 인물들의 조
각과 초상화 그리고 고대
와 당대의 예술품들이 즐
비했다. '갈레리아'에는 여
러 개의 방들이 접해 있었
다. 무기, 도자기, 메달, 지
도 등을 모아둔 방들이 있
었고, 심지어는 수학도구
와 천체관측기구들만 따로
모아놓은 '수학의 방'도 있
었다. 그러나 가장 흥미로
운 것은 서쪽에 위치한 트
리부나실이었다. 트리부나

우피치의 야경.

실은 코시모 1세의 아들이며 스투디올로 치장에 남달리 관심이 많았던 프란체스코 1세(Francesco I)가 완성하였다. 8각형으로 된 이 자그만 방의 벽에는 당대 이탈리아 최고의 — 따라서 서구세계 최고의 — 걸작품들이 빽빽이 들어차 있고 그 사이의 선반이나 벽감에는 보석을 포함한 온갖 진기한 물건들이 가득했다.[5]

우피치는 오늘날에도 지명도 높은 미술관으로 꼽힌다. 그리고 트리부나는 전세계인으로부터 사랑을 받는 공간이 되었다. 하지만 그 옛 모습은 지금 우리의 취향과는 많이 동떨어져 있었던 것 같다. 그것은 말 그대로 '박물'관이었던 것이다. 그렇다면 메디치가의 군주들처럼 섬세한 취향을 지닌 사람들이 왜 이처럼 서투른 전시행태를 보인 것일까? 그들은 자신이 소장한 품목의 방대함을 과시하는 것에만 마음을 빼앗겼던 것일까? 물론 어느 정도는 그러한 점도 없지 않았을 것이다. 그러나 이렇게만 본다면 그들을 너무 폄하하는 것이다. 적어도 메

우피치 내 회랑(回廊)의 현재 모습.

디치 가문쯤 되면 단순한 과시의 차원은 진작 넘어섰음이 분명하다. 따라서 우리를 의아하게 만드는 것은 이들의 미적 취향이다. 이들이 정말로 자신의 문화적 권위를 드러내고자 했다면 수준이나 성격 면에서 큰 차이를 지닌 물품들을 이런 식으로 마구 뒤섞어놓지는 말았어야 했을 것이다. 이들의 눈으로는 과연 이러한 광경이 아름답게 보인 것일까?

소우주로서의 스투디올로

르네상스인들은 이를 정말로 아름답다고 생각했다. 그들은 자신의 공간을 단순히 과시만을 위해서 꾸민 것이 아니었다. 다만 우리가 간과하지 말아야 할 점은 당시에 '미'가 갖는 의미가 오늘날과는 많이 달랐다는 것이다. 르네상스시대에 아름다움의 영역은 아직 여타의 영역으로부터 독립되어 있지 않았다. 미적인 것은 그 자체가 정치이며 종교이고 또한 철학이며 과학이었다. 이 시대가 아직 전근대적인 세계관에 뿌리를 두고 있었다는 점을 잊지 말자. 르네상스인들은 만물이 서로 깊은 유사성을 지닌 채 상응하고 있다고 생각했다. 인간과 동물 그리고 그 밖의 자연적, 예술적 사물들은 생명공동체로서 조화롭게 어우러져 있다. 따라서 사물을 인식한다는 것은 이러한 유사성의 체계를 이해하는 것을 의미한다. 세계는 끊임없이 다시 읽히고 해석되어야 하는 기호의 체계이다.[6] 그 비밀은 깊이 숨겨져 있다. 그 비밀을 밝히는 일종의 연구실 내지는 시각화된 도서관이 바로 스투디올로이다. 그것은 대우주(macrocosm)를 모사해낸 소우주(microcosm)이다. 이곳에 놓인 소장품들은 만물의 구조를 형성하는 모든 중요한 물질적 요소들을 대변한다. 따라서 이곳은 단순한 과시나 오락을 위한 공간이 아니다.

르네상스시대에 출현한 '유사' 박물관은 오늘날에는 이해하기 힘든 세계관에 근거하고 있었다. 점성술, 연금술 등 마술에 가까운 이른바 비학(秘學, occultism)이 근대 자연과학에 의해 축출될 시기는 아직 도래하지 않았다.[7] 사물들은 과학적 인과관계에 의해서가 아니라 알레고리와 상징의 힘으로 연관되어 있었다. 이를테면 보석은 재정적으로 기여할 뿐만 아니라 그 신비한 색채로 인하여 일종의 부적과 같은 효과를 지닌 것으로 여겨졌으므로, 이와 마찬가지로 초자연적 힘을 머금은 아름다운 그림이나 고대 영웅의 흉상 옆에 함께 놓일 수 있었다. 즉, 사물의 표면적 성질이 아니라 그 이미지가 내포하는 기호학적 의미가 중요했던 것이다. 예를 들어 피에로 데 메디치의 소장품 중에서 가장 비싼 품목은 일각수(一角獸)의 뿔이었는데 그 가격은 메디치의 전체 은행지점들이 일 년간 가동하는 운영자본에 맞먹을 정도였다. 뿔 하나의 값이 그토록 비싼 것은 나름의 이유가 있었다. 가까이서 독을 발견하면 그것이 땀을 흘린다는 것이다. 어찌 됐든 일각수의 뿔은 메디치 가문의 지배력을 암시하는 기호로서 작용했던 것이다.

물론 이러한 사고방식을 단순히 '중세적'이라고 단언하지는 말자. 르네상스인은 새로운 주체의식으로 충만한 사람들이었다. 만물은 비록 마술적 영기(靈氣)에 휩싸여 있기는 했지만 이들이 교차되는 중심에는 인간이 서 있었다. 세계는 오직 인간을 중심으로 펼쳐져 있고 오직 인간을 통해서만 질서를 얻을 수 있었다. 르네상스 회화가 개발한 '선형 원근법'의 원리는 바로 이러한 사고방식에서 비롯된 것이다. 르네상스인들이야말로 적어도 서양세계에서는 처음으로 공간의 '깊이'를 발견한 사람들이었다. 누구나 다 아는 레오나르도 다빈치의 작품 「최후의 만찬」을 자세히 들여다보면 중앙에 놓인 소실점(消失點) – 이 그림에서는 예수 – 이 공간 전체를 마치 블랙홀처럼 흡수하고 있음을 알 수 있다. 공간 안의 모든 사물은 소실점으로 수렴된 선적 좌표 안에서 각각의 기하학적 점들로서 제자리를 얻는다. 르네상스의 공간은 연속되고 수학적으로 통일되어 있으며, 밋밋했던 중세적 공간과는 달리 풍만한 볼륨을 갖

「최후의 만찬」,
레오나르도 다빈치 작.

는다. 그런데 가만히 보면 최후의 만찬 자리에 이렇게 '깊이'를 부여하는 것은 중앙에 앉은 예수가 아니다. 소실점과 상상적 선들은 그것을 바라보는 부동의 시선을 전제로 한다. 질서를 주관하는 것은 바로 감상자인 것이다. 세계는 안구(眼球)의 작은 왕국 속에 존재한다. 트리부나라는 소우주도 그것을 응시하는 군주 프란체스코 1세의 시선 속에서 비로소 질서를 얻는다. 이 시선은 마술적이면서도 과학적이고, 심미적이면서 동시에 정치적이다. 우리는 이제 당시의 권세가들이 왜 그렇게 자기만의 진열공간에 매달렸는지를 이해할 수 있다. 그들은 자신의 시선 속에 세계를 담고 싶었던 것이다.[8]

그러나 애써 던져진 시선은 이내 초점을 잃고 말았다. 메디치 가문은 과도한 소비에 의한 파산과 정치력 부재로 결국 피렌체에서 축출되었고 이탈리아 문화는 전반적으로 활기를 잃어갔다. 이탈리아에서 시작된 개인적인 예술후원과 수집의 풍조는 이후 전 유럽으로 확산되어갔다. 16세기부터는 유럽 각지에 새로운 전시공간이 등장한다. 그것은 이탈리아의 것을 견본으로 삼고는 있었지만 이와는 매우 상이한 의식과 목표, 형태 그리고 새로운 가능성의 영역을 보여주었다.

형성 : 절대왕정의 밀실

권력의 아름다움 : 쿤스트캄머

　이탈리아의 르네상스가 절정기에 이른 15세기 말엽에 콜럼버스가 북미대륙을 발견했다. 이른바 '지리상의 발견'이 시작되었다. 이미 이탈리아인들은 인간과 그를 둘러싸고 있는 세계의 '깊이'를 발견했다. 그들은 이제 그 깊이를 몸소 탐사하고자 하였다. 그들은 스스로를 세계의 주인으로 의식하고 있었으므로 그 심연을 향해 거침없는 시선을 던질 수 있었다. 그들은 신이 만든 자연의 장벽 앞에 더 이상 멈추어 서려 하지 않았다. 이탈리아인의 새로운 세계관에 의해 고무된 유럽인들은 여태껏 알지 못하던 더 넓은 세계를 찾아

나섰다. 16세기에 들어와 지리상의 발견이 본격화되자 '신대륙'으로부터 희귀물들이 대거 입수되었다. 이제 유럽 전역에서는 더 넓어진 세계를 반영하는 수집과 진열공간 구축이 유행하게 되었다.

이렇게 등장한 새로운 진열공간들은 독자적인 명칭을 지니고 있었다. 영어권의 '캐비닛(cabinet)'이라는 용어가 그 중 하나였다.[9] 그것은 당시의 일상용어로는 주로 선반과 서랍을 갖춘 찬장을 의미하였는데 상류층에서는 이 의미가 전이되어 회합장소인 '살롱(salon)'에 대비되는 작은 방을 가리킬 때 쓰였다. 16~17세기의 영어에서 캐비닛은 소장품을 진열하는 장소를, 때로는 소장품 전체를 가리키기도 했다. 독일어권에서는 진열실을 가리키는 말로서 '분더캄머(Wunderkammer)'라는 용

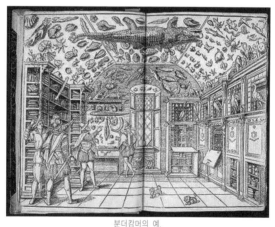

분더캄머의 예.
콘스탄티노 비탈레(Constantino Vitale)의 그림책 『자연사 교본』에 있는 삽화.

어가 자리잡고 있었다.[10] 그것은 '경이로운 방'이라는 의미였는데, 이 인상적인 명칭은 그 자체로 공간의 특징을 잘 드러내준다. 분더캄머에는 일상생활에서는 찾아보기 힘든 온갖 진기한 광물이나 이국적인 도자기, 희귀동식물의 화석, 심지어는 성자의 유골이 화려한 그림이나 조각품들과 함께 어우러져 있어서, 처음 이 방에 들어서는 사람들의 '놀라움(Wunder)'을 자아냈던 것이다. 수장가는 이 방을 가끔씩 지인들에게 공개하며 우쭐할 수 있었다. 하지만 지엄한 왕실에서는 이러한 다소 경박한 명칭보다는 '쿤스트캄머(Kunstkammer)'라는 명칭을 선호했다. 그것은 말 그대로 '예술품이 있는 방'을 의미했다.

이처럼 명칭은 다양했지만 이들 진열실은 기본적으로 이탈리아 르네상스의 유산에 힘입은 바가 컸다. '대우주'의 숨은 질서를 담은 '소우주'로서의 진열공간, 그리고 이 소우주의 주인으로서의 수장가라는 새로운 이념은 모두 이탈리아에서 비롯된 것이었다. 이 '소우주'에 자리잡은 사물들은 (이 시대에 자주 쓰이던 표현을 빌리자면) 이른바 '세계라는 극장(Theatrum Mundi)'에 등장하는 각각의 배역을 맡고 있었다. 세계를 구성하는 무수한 사물들은 이곳에서 새로이 '재생'되고 의미로운 연관성을 얻으며 끊임없이 교호작용을 하게 된다. 이와 같이 재생된 세계의 질서 속에서 인간은 새롭게 자신을 발견한다. 세계를 자신의 시선에 담아가는 과정은 곧 인간이 주체임을 자각해가는 과정이기도 했다.

16세기 이후 유럽의 진열실들에는 이탈리아 르네상스의 영향이 짙게 깔려 있었다. 차이라고 한다면 규모가 훨씬 방대해 졌다는 것이다. 이 시기에 유럽은 프랑스를 선두로 '절대왕정' 의 시대로 넘어가고 있었다. 프랑스의 발로아(Valois) 왕조와 부르봉(Bourbon) 왕조, 오스트리아의 합스부르크(Habsburg) 왕 조, 그리고 영국의 튜더(Tudor) 왕조와 스튜어트(Stuart) 왕조 등으로 대표되는 절대왕정은 이탈리아 도시국가의 왜소한 군 주들로서는 엄두도 내지 못할 만큼의 방대한 영토와 확고한 통치력을 행사하게 되었다. 이들의 '절대'권력은 당연히 전시 공간의 규모에도 반영되었다.

합스부르크제국의 수도 프라하의 궁전에는 '헝가리와 보헤 미아의 왕'이자 '신성로마제국의 황제'인 루돌프 2세(Rudolf II) 의 쿤스트캄머가 마련되어 있었는데 공간의 규모와 소장품의 양에서 옛 메디치 군주들의 스투디올로를 훨씬 능가했다. 황 제를 방문한 사절은 반드시 이 방으로 인도되고 차후 이 방에 놓이게 될 선물을 바치는 것이 정례화되어 있었다. 선물의 질 은 기증자의 가치와 덕성을 나타내는 것이었으므로 매우 신중 하게 마련되어야 했다. 이 위압적인 방에서 모든 사물은 절대 적 지배자로서의 황제의 위상을 드높이는 역할을 수행한다. 황제는 여기서 방문자에게 자신의 지배에 응할 것을 상징적으 로 요구하고 있는 것이다.

루돌프 2세의 쿤스트캄머는 이탈리아 식 스투디올로를 확 대시킨 것이었다. 여기에는 청동이나 상아로 만든 각종 물건 들, 책과 동전, 과학실험기구, 시계장식을 갖춘 천구(天球) 그리고 자연의 희귀물들이 가득했다. 또한 레오나르도 다빈치나 뒤러(Albrecht Dürer), 브뤼겔(Pieter Bruegel) 등의 회화작품들도 수두룩했다. 그러나 이러한 겉모습과는 별도로 여기서는 옛 스투디올로에서는 확연히 나타나지 않는 아주 색다른 공간 구성의 원리가 나타난다. 그것은 이 시기 진열공간의 근본 성격과 관련해 매우 중요한 실마리를 제공하므로 세심하게 살펴볼 필요가 있다.

기억극장

  이 새로운 공간은 이른바 '기억극장(Theatro della Memoria)'의 형태를 취하고 있었다. '기억극장'은 카밀로(Giulio Camillo)라는 사람이 16세기 초 이탈리아 르네상스의 활력을 이어가던 베네치아의 궁정에 세운 목조(木彫) 극장이었다. "최소한 두 사람이 들어가기에는 충분"했다고 전해지는 이 극장은 극장치고는 너무 작았지만 나름대로 로마시대 원형경기장의 축소판 같은 구조를 지니고 있었다. 그런데 이 극장은 특이하게도 무대와 관람석이 서로 뒤바뀌어 있었다. 여기서 관람자는 무대 위에 올라서서 마치 자신을 주시하고 있는 듯 보이는 수수께끼 같은 문장(紋章)들 및 히브리 밀교(cabbala)의 기호들과 대면하게 된다. '기억극장'은 르네상스시대에 유행했던 '비학(秘學)'을 토대로 그간 인류가 축적해온 우주의 비밀에 대한 지식을 새로이 체계화한 곳이었다. 그것은 요즘 식으로 말하

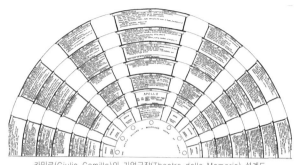

카밀로(Giulio Camillo)의 기억극장(Theatro della Memoria) 설계도.

면 일종의 도서관이었으며 수수께끼 같은 이미지들은 소장된 책들의 청구기호였던 셈이다. 이 신설 도서관에 출입할 수 있는 특권을 지닌 자는 이곳에서 우주의 숨은 원리를 전수받고 그럼으로써 홀로 창조주와의 교감을 이룰 수 있었다.[11]

기억극장은 오늘날 보면 참으로 기이하게만 여겨진다. 여기서 '기억'은 특정한 과거에 대한 기억이라기보다는 우주 전체의 비밀에 대한 기억을 의미하며 따라서 창조주와 인간을 재결합시키는 마술적 도구로 기능한다. 이러한 발상은 현대인에게는 어처구니없어 보일 수도 있지만 적어도 16세기 진열공간의 이해와 관련해 시사하는 바가 크다. 15세기 이탈리아의 진열실도 과거와 대화를 나누는 곳이었지만 특별히 과거를 '기억'한다는 발상은 작용하지 않았다. 그곳에서 만물은 상응할 뿐이었다. 고대 영웅의 흉상과 일각수의 뿔은 모두 현 수장가의 지배력을 상징하는 기능을 수행하였다. 그러나 16세기에는 진열실이 과거의 '유산'과 만나는 곳이라는 인식이 싹트면서

'기억극장'이라는 새로운 공간을 모방하게 된다. 기억극장은 진열실에서 무엇이 기억되어야 하며 또한 어떠한 방식으로 기억되어야 하는가에 대한 모형을 제시하였다. 물론 그것은 오늘날의 박물관에서는 받아들이기 힘든 매우 전근대적인 원리에 기반하고 있었다.

기억극장은 고대로부터 전수된 '기억술(ars memoriae)'을 극장의 형태로 가시화시킨 것이었다. 기억술이란 책이 보편화되지 못했던 시절에 인간의 체험을 지적으로 분류하고 저장하며 유통시키는 기법이었다. 인간의 풍부한 체험은 오로지 말로써밖에는 전달될 수 없었는데 그것을 오래도록 기억하기 위해서는 이미지에 의존하는 수밖에 없었다. 말 속에 담긴 정보가 생생한 이미지들에 결부됨으로써 말의 논리는 이미지의 질서로 재편된다. 그런데 이 이미지들이 허공에 떠돌지 않게 하려면 그것이 머물 수 있는 공간이 마련되어야 했다. 그래서 친근하면서도 상상적인 '기억의 장소(loci memoriae)'가 등장한다. 그것은 일종의 도서관 또는 데이터베이스로서 여기에 이미지들이 체계적으로 배치된다. 이로써 이미지들에 담겨 있던 각각의 '데이터'는 비로소 확고히 저장되고 동시에 '생생한' 기억으로서 반복해서 불러낼 수 있게 된다. 마치 구름 속과도 같은 이 '기억의 장소'를 소요하다보면 어느새 우주의 숨은 질서가 모습을 드러낸다.[12]

고대로부터 체험과 지식의 보고이자 전달수단으로서 기능해왔던 기억술은 한때 스콜라철학의 "머리카락을 세는 엄밀

루돌프 2세의 초상화.
애기디우스 자델러(Aegidius Sadeler) 작.

함"에 밀려 주춤하기도 했지만 16세기에 들어서 다시금 활성화된다. 기억술로 불러일으켜지던 공간과 이미지가 카밀로의 기억극장을 통해 현실화된 것이다. 그곳에서는 무수한 알레고리적 이미지들이 인류가 쌓아온 지혜를 보존하고 재생시킨다. 16세기의 유럽은 근대과학과는 다르지만 나름의 정연한 세계관을 지니고 있었다. 15세기 중엽 인쇄술이 발명되면서 활자문화가 거세게 밀어닥치자 고래의 '기억술'을 사수하기 위한 다분히 보수적인 움직임이 일어났고, 결국 기억극장과 같은 새로운 '기억의 장소'가 창출될 수 있었다. 그리고 바로 이러한 흐름 속에 루돌프 2세의 쿤스트캄머가 놓여 있었다. 심미적이면서 지적이었던, 그렇기에 지극히도 16세기적이었던 이 지배자는 다분히 이교(異敎)의 혐의가 짙었던 브루노(Giordano Bruno)의 마술적 우주론에 심취되어 있었고, 그의 프라하궁정은 이미 당대의 '비학'을 보호하는 요새로 자리잡고 있었다.[13]

쿤스트캄머와 같은 실내공간에 적용된 기억극장의 원리는 정원에도 그대로 반영되었다. 15세기 이탈리아의 예를 따라 16세기의 지배자들은 자신의 정원에 고대 조각품들을 진열해

놓기를 즐겼다. 그런데 이는 단순히 고대 영웅들과 자신을 일치시키기 위해서만은 아니었다. 정원은 조각품들의 이미지를 통해 잃어버린 고대세계를 떠올릴 수 있는 '기억의 장소'로서 기능했던 것이다. 또한 정원을 수놓고 있는 식물과 동물은 잃어버린 낙원인 에덴동산을 상기시키기 위한 일종의 무대장치였다. 이 시대 사람들은 '세계라는 극장'에서 내부와 외부공간이 상통하고 자연과 인간이 만든 작품이 통일되어 있다고 믿었다. 결국 16세기 유럽의 진열공간은 한편으로는 15세기 이탈리아의 것을 확대시킨 것이었고, 동시에 '기억의 장소'라는 새로운 위상을 부여받게 되었다. 진열실이 기억의 장소라는 발상은 이후 박물관의 탄생에 있어서 시사하는 바가 크다. 이에 대해서는 다음의 장에서 더 논의할 것이다.

미술품만을 위한 공간 : 갤러리의 등장

17세기에 접어들면서 많은 것이 바뀐다. 일반적으로 17세기는 고전물리학이 탄생한 '과학혁명의 세기'로 알려져 있다. 16세기까지 유지되어오던 마술적 세계관은 실제로 이 시기에 새로운 '과학적' 세계관에게 자리를 내주게 된다. 17세기 초까지만 해도 세계는 아직 '유사성'의 관점에서 읽혀졌다.[14] 그러나 이제 근본적인 변화가 시작되었다. 변화의 원동력은 이미 언급했던 활자문화의 탄생이었다. 그것은 전례 없는 규모로 서적을 보급시킴으로써 광범위한 독서층을 형성시켰고, 그럼으로써 추상적 사유의 가능성을 대폭 확대시켰다. '과학적' 사고가 지배력을 얻기 시작한 것은 바로 이러한 맥락에서였다. 이제 사물을 유사하다고 보는 것은 명료하지 못한 사고로 폄하되었고 대신 '비교'를 통해 사물들 간의 '차이'를 드러내는 것이 옳다고 판단되었다. 이미지에 의거한 기존의 알레고리적 사고는 거부되고 대신 언어에 의거한 '분석'을 통해 확실성을 얻도록 권고되었다. 한계가 없는 것 같았던 지식은 이제는 정확히 정의되고 통제 가능한 것이 되었다. 이러한 변화에 따라 사물들 간에 새로운 연관성이 설정된다. 그것은 다름 아닌 '인과관계'였다. 이 새로운 질서는 신비한 교감에 의해서가 아니라 '합리적' 사고를 통해 항상 새로이 구성되어야 하는 것이었다. 그럼으로써 단순한 반복적 '재생'이 아닌 능동적 '재현'이 사물의 인식을 위한 올바른 태도로서 자리잡게 되었다.

이러한 '과학적' 사고는 진열공간의 구조에도 적잖은 영향을 끼쳤다. 엄밀한 분류학(taxonomy)의 체계가 세워지면서 소장품은 동일한 형태를 보이는 종(種)과 유(類)에 따라 분리되어 진열된다. 이는 세계의 부조화를 나타내는 것이 아니라 오히려 세계의 다양성과 풍부함을 입증하기 위한 것이었다. 각 진열공간은 소장품들을 뒤섞지 않고 각각 특정한 종류의 것에 집중하는 경향을 보였다. 17세기 말 영국에서는 '캐비닛'과 정원이 분리되었으며 같은 시기 프라하궁의 쿤스트캄머는 그림들만으로 독자적인 분위기를 연출하였다. 17세기의 진열공간에서 가장 주목할 만한 점은 무엇보다도 미술품 전용의 진열

「프라하궁의 갤러리」.
요한 브레취나이더(Johann Bretschneider) 작.

실과 그것을 포함하는 회랑인 '갤러리' 공간이 등장했다는 것
이다. 우피치에서 유래된 갤러리는 미술품을 위주로 하여 점
차 여타의 잡동사니들을 밀어내었고, 또한 귀족적 품격이 살
아 숨쉬는 한없이 고상한 장소로 꾸며져갔다. 여기서 그림들
은 크기와 소재에 따라 체계적으로 배열되었는데, 대체로 큰
그림이 중앙에 오고 작은 것들이 그 주위를 에워싸는 형태를
띠었으며 초상화와 꽃 그림들은 각각 따로 배치되었다. 이 새
로운 진열공간에서는 바닥부터 천장까지 온 벽을 그림이 뒤덮
고 있었다. 개개의 그림들은 사용 가능한 공간에 맞추어질 수
있도록 잘리거나 확장되었다. 따라서 그림 각각의 개성은 별
로 주목받지 못했고 필요하다면 모사품도 얼마든지 동원될 수
있었다. 중요시된 것은 오직 전체적인 분위기였다. 각 작품이
진품으로서 갖는 가치가 인식되지 못한 만큼 작품이 탄생한
시대적인 순서가 도외시되는 것은 당연했다. 옛 그림과 최근
의 그림은 함께 걸려졌다.

17세기에 새로이 설정된 사물들 간의 '인과관계'는 아직 표피적인 차원을 넘어서지 못했다. 기존의 상징적 의미나 마술적 연관성이 사라지자 그 자리를 메운 것은 바로 시각적 질서였다. 이제 오로지 눈을 즐겁게 하는 것만이 새로운 진열공간의 임무가 되었다. 사물 사이에 숨어 있는 질서가 아니라 사물들이 연출해내는 시각적 효과가 중요하게 된 것이다. 이러한 경향은 이 시기의 정치적 요구와도 잘 부합했다. 절대왕정의 지고한 권위를 나타내던 화려하고 장대한 바로크궁정은 이전과 같은 은밀한 상징보다는 강렬한 시각적 인상을 선호했던 것이다. 이곳의 갤러리를 빼곡히 장식하고 있는 무수한 그림들은 특정한 소재나 색채의 완벽한 통일성을 통해 절대군주를 받드는 모든 신분들의 조화를 노래한다.

사물들 간의 인과관계가 좀더 내밀한 연관성을 얻게 되는 것은 18세기에 이르러서였다. 생물학의 탄생을 통해 자연과학이 유기체의 영역에까지 침투해 들어가는 이 시기는 가시적 세계의 근저에 놓인 보다 근원적인 실체에 대한 관심이 고조된 시기였다. 이제 자연세계뿐만 아니라 인간, 사회 그리고 역사를 총괄할 수 있는 새로운 근대적 '문법'이 모색되었다. 이를 주도한 것은 다름 아닌 계몽사상가들이었다. 당시 흔히 '철학가님'이라고 놀림받던 이들의 진지한 노력 덕분에 과학적 사고방식은 기존의 세계관에 맞설 수 있는 철학적 기반을 얻게 되었다.

이러한 분위기 속에서 이제 진열공간도 근대적인 형태를

향해 나아갔다. 17세
기의 갤러리는 미술
품을 위한 독자적인
공간을 제공하였지만
단순한 시각적 배열
에 치우쳐 있었다. 갤
러리가 보다 근대적

「루브르궁의 까레 살롱 *Le Salon carre*」.
주세페 카스틸리오네(Giuseppe Castiglione) 작.

인 공간으로 도약하기 위해서는 아직 몇 가지 전제조건들이
갖추어져야 했다. 우선 '순수 미술'의 개념이 성립되어야 했
다. 미술이 여타의 영역으로부터 독립되지 않는 한 개별 작품
의 예술성이나 진품 여부는 물론 창작연대나 역사적 가치 등
에 대한 관심은 생겨날 수 없었고, 그럼으로써 갤러리는 수장
가의 고상한 취미 차원에 머무를 수밖에 없었다. 또한 상류층
의 사적인 소유물이라는 한계도 하루빨리 극복되어야 했다.
이미 근대 과학문명은 특별한 권능을 부여하는 비밀스런 지식
을 허용하지 않고 있었다. 폐쇄된 공간 안에서 자기만족의 차
원으로만 이루어지는 예술품 감상은 더 이상 별다른 대의를
가질 수 없게 되었다.

　18세기에는 진열실의 문이 차츰 열리기 시작했다. 1753년 슬
론 경(Sir Hans Sloane)의 개인 소장품을 바탕으로 설립된 대영박
물관(British Museum)은 사전 관람신청을 전제로 일반인의 입장
을 허용했는데 하루에 두 시간씩 그것도 삼십 명 이내로만 입장
이 가능했다. 프랑스 왕정은 18세기 중엽부터 파리의 뤽상부르

(Luxembourg)궁 안의 갤러리를 일주일에 두 번씩 일반인에게 개방하였다. 그러나 가장 훌륭한 갤러리를 보유하고 있던 루브르궁은 좀처럼 개방되지 않았다.[15] 그것은 절대왕정이 사수하고자 한 마지막 보루였던 것이다. 이제 그 보루가 무너지면서 비로소 박물관이 탄생하게 된다.

성립 : 근대성을 비추는 거울

프랑스 혁명과 루브르 박물관

　1789년 여름 파리의 바스티유 감옥을 습격한 성난 군중은 얼마 지나지 않아 지엄한 루브르궁을 접수하였다. 그들은 이곳에서 왕족들이 버리고 간 수많은 예술품들을 발견하였다. 이처럼 놀라운 유산을 그간 특정한 계층이 독점하였던 것은 분노를 살 만한 일이었다. 이들 예술품들은 하루빨리 몰수되어 전 '국민(nation)'의 소유로 전환되어야 했다. 같은 해, 교회 소유를 국유화하는 법령이 포고되었고 곧이어 귀족과 왕가 소유의 재산이 차례차례 몰수되었다. 당시의 혁명적 부르주아 세력은 새로운 진리와 새로운 인간관계 그리고 이를 뒷받침해

「루브르 대(大) 갤러리 변경 프로젝트 *Projet d'amenagement
de la Grande Galerie du Louvre*」
위베르 로베르(Hubert Robert) 작.

줄 새로운 국가에 대한 열망에 휩싸여 있었다. 그들은 곧 온건파를 누르고 급진적 개혁의 길로 나아갔다. 혁명의 열기가 최고조에 달하고 있던 시기인 1792년 9월 27일 옛 루브르궁의 갤러리 자리에 '프랑스 박물관(Museum Français)'이 설립되어야 한다는 법령이 공포되었다. 이 법령은 1793년에 실행되었다. 1796년에 이 새로운 기관의 이름은 '중앙미술관(Musèe Central des Arts)'으로 바뀌었고 나폴레옹이 황제로 즉위하기 한 해 전인 1803년, 다시 '나폴레옹 박물관(Musèe Napolèon)'으로 바뀌었다.16)

'박물관' 설립의 프로그램은 이미 계몽사상가 디드로(Denis Diderot)가 1765년 그의 유명한 백과사전의 한 항목– '루브르' 항목– 에서 제시한 바 있었다. 박물관 설립은 무에서 유를 창조하는 일은 아니었다. 박물관은 사실상 '구체제(ancien régime)'가 닦아놓은 반석 위에 세워졌다. 루브르 박물관은 부르봉 왕가의 소장품들을 기초로 그 일부를 변경시키고 왕궁을 부분적으로 개조함으로써 설립된 것이었다. 또한 '박물관'이라는 명칭도 이 시기에 처음 쓰이기 시작한 것이 아니었다. 비록 혁명 전까지 이 용어가 일반화되지는 않았지만 이미 17세기 말에 영국에서 '뮤지엄'이라는 이름을 내건 기관이 등장했다. 애쉬몰(Elias Ashmole)이라는 사람이 자신이 수집한 고대 예술품과 자연의 회귀물들을 옥스퍼드 대학에 기증하여 1683년 설립된 애쉬몰리언 박물관(Ashmolean Museum)이 그것이다. 물론 이때의 '뮤지엄'이라는 명칭은 기관이 아니라 그 안에 있는 소장품들의 모음, 즉 '콜렉션(collection)'을 의미했다. 뮤지엄의 이러한 어의는 19세기까지도 지속되었다.

프랑스 혁명은 사실상 이미 진행되고 있던 경향을 확고히 하면서, 동시에 더욱 가속화시켜준 계기였다. 그러나 박물관 설립에 있어서 대혁명이 기여한 점을 가볍게 보아서는 곤란할 것이다. 박물관이라는 새로운 기관이 설립되기 위해서는 이전의 진열공간과는 판연히 다른 박물관 고유의 성격과 기능이 새롭게 규정되어야 했다. 구체제에서 개인이 소유했던 진열공간은 개인의 부와 권력 또는 덕성을 과시하기 위해 꾸며졌었다. 그것은 나름대로의 세계관과 구성원리에 근거하고 있기는 했지만 기본적으로 수장가 개인의 취향에 의해 좌우되었다. 그래서 경우에 따라서는 최상의 미를 구현할 수도 있었지만 대부분은 잡동사니의 성격을 벗어나기가 힘들었다. 또한 수장가의 사망시에는 언제든지 해체될 위험에 노출되어 있었다. 17세기에 갤러리가 주요한 진열공간으로 등장하면서 이러한 문제점이 많이 보완되었지만 소수 특권층의 폐쇄된 울타리를 벗어나지 못하는 한 보편적인 가치를 얻을 수는 없었다. 루브르 박물관의 설립은 이런 점에서 본다면 획기적 변화를 알리는 것이었다. 그것은 예술품이 '국민' 전체의 소유물임을 천명하였던 것이다. 박물관은 국민에 의한 그리고 국민을 위한 기관으로 등장했다. 그것은 지극히 근대적인 공간이었다.

혁명은 '국민(민족)'이라는 새로운 정치적 가치를 전면에 등장시켰다. 이제는 창조적인 예술작품도, 아니 그것이야말로 '민족정신'의 진정한 구현이라고 생각하게 되었다. 이제 이 위대한 유산을 국민 모두가 향유할 수 있도록 만드는 일이 중요한 교육적 사명으로 떠올랐다. 조상이 이룩한 위업과 목표를 자각하지 않고서는 국민으로서의 고유한 정체성을 획득할 수 없었다. 떳떳한 국민의 일원이 되기 위해서는 반드시 그에 마땅한 미적 체험이 요구되었다. 따라서 휴일의 박물관 나들이는 마치 선거일에 투표장을 찾는 것과 마찬가지로 국민의 정치적 권리이자 의무가 되었다. 이러한 점에서 본다면 박물관의 탄생은 국민이라는 정치적 가치로 고양된 새로운 '공공 영역(public sphere)'의 탄생을 알리는 신호탄과 같은 것이었다.

하지만 현실은 이상과는 다른 법이다. 루브르 박물관이 제모습을 갖추게 된 것은 급진적 개혁이 진행되던 때가 아니라 오히려 그것이 종식되었을 때였다. 루브르 박물관은 '나폴레옹 박물관'이었던 시기에 비약적으로 발전했다. '황제'의 관을 머리에 얹으면서도 '혁명의 아들'로 자처하였던 나폴레옹은 그를 낳아준 혁명을 배반하기는 했지만 '아버지'가 던져놓은 씨앗을 다지는 데에는 여느 '아들' 못지않은 실질적 기여를 하였다. 그는 '혁명전쟁'에서의 연이은 승리를 통해 혁명을 해

외로 전파시키는 역할을 수행하였으며 또한 유럽 각지로부터 전리품의 형식으로 많은 예술품과 귀중품들을 파리로 가져옴으로써 루브르 박물관이 자리를 잡는 데 크게 기여하였다. 남의 나라의 소중한 예술품들을 약탈해 오는 것은 누가 보더라도 정당하지 못한 일이었다. 그러나 '혁명전쟁'의 이데올로기는 '전제에 대한 자유의 승리' '미신에 대한 철학의 승리'라는 논리를 통해 이를 정당화할 수 있었다. 그리고 강압적으로 맺어진 평화조약이 이들 예술품들의 소유권이 이전되는 것을 법적으로 뒷받침해주었다. 예를 들어 1797년 2월에 맺어진 톨렌티노(Tolentino) 강화조약은 교황 피우스 6세(Pius VI)로 하여금 바티칸 갤러리로부터 100개의 그림과 73개의 조각품, 500개의 문서 그리고 수백 개에 달하는 보석과 동전, 모자이크 등을 양도한다는 각서에 서명할 것을 종용하였던 것이다.[17]

이처럼 박물관의 설립은 '구체제'에 대한 강한 도전의 산물이었다. 그것은 과거의 유산이 구체제에서보다 프랑스의 공화국에서 더 잘 보존된다는 것을 보여줌으로써 새로운 정치체제의 효능을 입증하는 도구가 되었다. 물론 그것이 초기 단계에서 일시적으로나마 '황제'의 총칼에 의지하였다는 점은 아이러니가 아닐 수 없었다. 그러나 나폴레옹은 이 새로운 기관에 진동하던 피비린내를 자신이 제정한 근대적 법전의 합리성을 통해 말끔히 씻어주었다. 박물관은 이제 법적으로 보장된 기관이 된 것이다.

박물관의 양면성 : 국민을 위한, 국민에 반(反)하는 기관

　루브르 박물관을 필두로 '혁명의 세기'였던 19세기에 유럽 전역에 박물관이 설립된다. 스페인에는 1820년 프라도 국립 박물관(Museo National del Prado)이, 영국에서는 1824년 국립 미술관(National Gallery)이, 독일에서는 1830년 베를린에 구 (舊)박물관(Altes Museum) 등이 개관하였다. 그리고 이와 더불어 한 나라 안에서도 수도의 예를 따른 모사 박물관들이 행정 권역별로 세워졌다.

　새로이 탄생한 박물관은 근대를 대표하는 기관의 하나로서 정치적 성격과 기능 그리고 주체세력에 있어서 혁신적이었지만, 그런 만큼이나 지극히 모순적이었다. 이미 '나폴레옹 박물관'의 예에서 보이듯, 민주주의와 국가주의라는 두 개의 바퀴는 박물관의 진로를 놓고 팽팽하게 긴장되어 있었다. 박물관은 한편으로는 국민을 교육하는 실용적인 장소였지만 다른 한편으로는 '국보'를 보존하는 신성한 사당이기도 했다. 이곳의 문호는 원칙적으로는 전 국민에게 개방되었지만 실제로 그 문의 자물쇠를 쥐고 있는 것은 관계 공무원이나 소수 전문가였기 때문에 이곳에서 일반 국민은 일개 관람객으로서 수동적인 태도를 취할 수밖에 없었다. 이들은 비교적 값싼 안내서(catalogue)나 안내자의 도움을 받아 무지를 깨우칠 기회를 제공받지만 지나친 호기심을 발동하여 작품에 근접하는 것은 원천적으로 금지되었다. 이곳에서 이들의 일거수일투족은 엄격히 통제되었다.

이제 생산자와 소비자, 전문가와 일반인, 교육자와 피교육자 사이에는 넘을 수 없는 선이 그어졌다. 근대국가는 국민을 위해 박물관을 설립했지만 동시에 박물관을 통해 국민을 국가 이데올로기 선전의 대상으로 전락시켰던 것이다.

박물관은 민주화와 국가권력의 확대를 다 같이 표현하는 기관이었다. 혁명을 통해 떠오른 부르주아계층은 근대 '공공 영역'으로서의 박물관을 구축함으로써 자신들을 옛 귀족층과 차별화하고 부르주아 고유의 문화와 생활양식을 관철시킬 수 있기를 바랐다. 그들은 박물관을 매개로 하여 구체제에 매달린 '반동세력'으로부터 사회의 주도권을 쟁취하고자 하였다. 아름다움을 장려하고 향유하는 일은 최상의 시민적 행위로서 그 자체가 정치적 투쟁과 다를 바 없었다. 박물관은 동시에 혁명으로 쟁취한 새로운 '국민국가'의 정신적 권위를 선전하는 기관이기도 했다. 구체제를 화려하게 수놓았던 장식물들은 이곳에서 이미 사라진 과거의 유증으로서 새로운 의미를 부여받게 된다. 국민국가는 박물관을 설립함으로써 과거의 모든 값진 유산을 상속한 '적자'로서 자신의 위상을 드높일 수 있었다. 이처럼 부르주아와 국가라는 근대의 양대 주체세력은 무엇보다 박물관의 영역에서 그들의 갈등관계를 여실히 드러내었다.

이와 같이 박물관의 탄생에는 새로운 정치적 가치체계가 연루되어 있다. 그러나 이것만으로 모든 것이 설명될 수는 없다. 박물관은 구체제에서의 폐쇄된 진열공간과는 다른 새로운

'전시(exhibition)'공간의 탄생을 낳았다. 박물관이 국민교육의 사명을 띠게 된 이상 소장품들은 공개적으로 전시되어야 했고 그러기 위해서는 이들을 좀더 의미 있게 구성하는 일이 시급히 요구되었다. 일단 소장품들이 좀더 선택적으로 수집되고 전시되어야 했다. 잡동사니들은 수집품목에서 제외되어야 했고 이미 존재하는 소장품들도 한꺼번에 나열될 필요가 없어졌다. 수장고에 있는 일부의 품목만이 전시될 가치가 있었고 그마저도 '상설전시'와 '특별전시'로 구분되었다. 이러한 전시공간의 구축에 크게 기여한 것은 혁명기에 등장한 새로운 분류와 감정(鑑定)의 기법이었다. 그러나 그보다 더욱 큰 영향을 끼친 것은 바로 새로운 발상이었다.

루브르의 '나폴레옹 박물관' 관장이었던 드농(Vivant Denon)은 혁명과 혁명영웅들을 기념하는 회화작품들을 대거 주문하였다. 과거 귀족문화의 아성이던 루브르궁은 곧 혁명의 역사를 재현하는 기념관으로 탈바꿈하였다. 이후 루브르 박물관의 전시공간은 반드시 혁명을 주제로 삼지는 않았지만 혁명으로 이어지는 시대적 순서에 따라 작품을 배치하는 관례를 수립하였다. 시대적 양식에 따라 분류된 회화작품들은 곧 민족정신이 전개되는 양상을 시각적으로 대변하는 것으로 간주되었다. 이처럼 박물관의 전시공간은 이전의 진열공간과는 다른 발상 위에 구축되어 있었다. 여기서 미술작품은 여타의 소장품들과는 구별되는 매우 정신적인 가치를 지닌 것으로, 그리고 우발적으로 출현한 것이 아니라 '역사적'으로 전개되어온

것으로 상정되고 있다. 이 점에 대해서는 보다 상세한 논의가
필요하다.

미술의 자립화

  박물관의 원형은 미술관이었다. 박물관은 미술관의 형태로
최초의 모습을 드러내었다. 이후 박물관의 종류가 점차 확대
되면서 미술관은 그 중 하나의 유형－'art museum'－으로 자
리잡게 되었지만, 그것은 아직도 박물관의 가장 주요하며 선
도적인 유형이다. 미술관은 미술의 공적인 인식을 증진시키는
기관이다. 그것이 설립되기 위해서는 우선 '미술(fine arts)'이라
는 개념이 존재해야 한다. 다양한 사물들은 각각의 실용적인
목적을 벗어나 오직 미술이라는 공통분모에 의해서 동일한 공
간에 모이고 동일한 의미의 틀 속에 묶여 동일한 체험의 양식
을 유도하게 된다. 미술이 인간문화를 구성하는 독립적 영역
으로 자리잡게 된 것은 지극히 근대적인 현상이다. 그렇다면
미술 개념이 정립된 것은 과연 언제이며, 또 어떠한 맥락에서
였을까?
  르네상스시대로 되돌아가보자. 바자리는 그의 유명한 저서
『가장 뛰어난 화가, 조각가, 건축가들의 삶』에서 자신의 스승
미켈란젤로의 작품들을 거의 신적인 경지로까지 추켜세웠다.
미켈란젤로의 작품은 최상의 미를 구현하고 있으며 그렇기에
무엇보다 지혜롭고, 또 무엇보다도 도덕적이라는 것이다. 바

자리는 이 책에서 치마부에(Giovanni Cimabue)와 조토(Giotto di Bondone)에서 시작하여 기베르티와 도나텔로, 다빈치, 라파엘로(Raffaello Santi) 등 여러 작가들을 거쳐 미켈란젤로에서 정점에 달하는 미술의 진화 과정을 그려내고 있다. 여기서 미술은 학문이나 도덕 등 여타의 영역으로부터 독립된 자신의 고유한 진화 과정을 거치며, 그럼으로써 오히려 여타의 영역들을 선도하는 지위로 승격되고 있다. 또한 이를 창조하는 작가는 최고의 인간으로 형상화된다. 그런데 여기서 간과해서는 안 될 점이 있다. 르네상스시대는 오늘날의 미술에 해당하는 개념이 아직 자리잡지 못한 상태였다. 바자리는 회화, 조각, 건축을 아우르는 개념으로 '디세뇨(disegno)'를 사용하였는데 이는 오늘날의 '디자인(design)' 개념의 어원으로서 장르 개념이라기보다는 '기법'에 강조점을 둔 말이었다. 또한 당시에는 화공, 세공장이, 석공 등과 같은 개개 영역의 '장인(artisan)'들이 있을 뿐 '예술가(artist)'라는 일반 명칭은 존재하지 않았다. 미술이라는 개념과 예술가라는 존재방식은 바자리의 서술 속에서 아직 어렴풋한 예감으로만 나타나고 있을 뿐이다.[18]

바자리는 디세뇨가 모든 좋은 '아르스(ars)'의 토대가 된다고 말했다. 라틴어 용어인 '아르스'는 'art' 개념의 어원으로서 그리스어 '테크네(techne)'를 직역한 것인데, 이는 단순한 솜씨로부터 모든 종류의 학문과 기예를 두루 포함하는 광범위한 개념이었다. 이를테면 선박을 만드는 테크네, 군대를 통솔하는 테크네, 관중을 사로잡는 테크네 등의 표현이 가능했다. 이

용어는 고대에 미술활동이 아직 여타의 인간생활로부터 분화되지 않았음을 말해준다. 이들 개개의 아르스들을 추상화해낸 '디세뇨' 개념도 아직은 '아르스'들의 내적 공통성으로부터 도출된 것이 아니었다. 물론 이러한 개념이 존재하였다는 사실만으로도 서구문화에서 이탈리아 르네상스가 차지하는 선도적 지위가 충분히 입증된다.[19] 실제로 중세기 동안 건축, 조각, 회화는 동업조합(guild)에 소속되어 배우는 수공업의 일종에 불과했다. 그것은 대학에서 가르치는 일곱 개의 '자유교양과목(liberal arts)', 즉 문법, 수사학, 논리학, 산술학, 기하학, 천문학, 음악과 대비되는 일곱 개의 '수공예(mechanical arts)' 중에서도 가장 천한 업종의 하나로 여겨지던 '무기제조술(armatura)'에 속해 있었다. 이는 음악이 교양과목의 일부이면서 산술학과 관련이 깊었던 것이나 시(詩)가 문법, 논리학, 수사학 등과 연계되어 있던 것과 비교하면 천양지차였다. 화가는 가끔 그들의 안료를 만드는 약제조공과 혼동되었고 조각가는 대장장이나 세공장으로, 건축가는 석공이나 목수로 대우받았다.[20]

아직 미술 개념이 없던 전근대세계에서 현재 우리가 미술이라 부르는 영역은 정치, 사회적 기능에 전적으로 의존하고 있었다. 중세의 고색창연한 고딕 성당과 그 내부를 장식하고 있는 성화와 색유리가 그 예술적 진가에도 불구하고 소위 '순수 미술'과는 거리가 멀었으며, 지상세계에서 교회가 갖는 권위를 시각적으로 대변하고 있었음은 누구나 아는 사실이다. 모든 주요 예술 장르가 최상의 경지에 도달하였던 르네상스시대에도 미술은 예외 없이 후원자의 요구에 종속되어 있었다. 예를 들어 치마부에나 조토는 피렌체의 특권층에, 라파엘로는 교황청에 복무하였다. 14세기 말경 미켈란젤로는 조각가의 길을 걸으려다가 집안의 큰 반대에 부딪힌 적이 있었다. 세공장이라는 천한 직종을 택한다는 것은 집안의 위신을 크게 훼손하는 일이었기 때문이다. 그가 다행히 천직을 포기하지 않게 된 것은 메디치 가문의 덕택이었다. 로렌초 데 메디치가 든든한 후원을 약속하며 그의 부모를 설득했던 것이다.21) 르네상스시대를 거치며 미술 영역과 그 제작자의 지위는 많이 향상되었다. 앞서 설명했듯이, 공간적 지평의 확대는 원근법을 낳았고, 이는 회화와 건축을 수학적 기초 위에 서게 하여 천한 수공업자에 속했던 사람들을 교양인이 되도록 고무시켰던 것이다. 그들 중 일부는 그들의 후원자와 함께 곧 '전문가'의 반열에 오를 수 있었다. 세련되어진 그들은 이제 후원자와 결탁함으로써 나름의 신분상승을 꾀할 수 있었으나 그럼에도 불구하고 자신들의 구속된 처지를 탈피할 수는 없었다. 절대왕정의 궁정문화가 최고조에 도달했을 때 벨라스케스(Diego Velázquez)나 르 브렁(Charles Le Brun) 같은 거장들은 말 그대로 중세적 의미의 '장인'들이었으며 결코 독립된 자유예술가가 아니었다.

그러나 중세에서 근대로의 이행기에 점차 장인적 기술과 구별되는 미술에 대한 의식이 나타나기 시작했다. 'art'에서 공예와 과학이 별도의 부류로 떨어져나가고 대신 시가 자리를 메우게 되었다. 그리고 드디어 18세기 중엽에 이르러 프랑스인 바뜨(Charles Batteux)가 '미술(beaux arts)' 개념을 창조하였는데 여기에는 시와 함께 시각예술(회화, 조각, 건축) 그리고 무용과 음악이 – 경우에 따라서는 웅변도 – 속하였다. 오늘날 영어의 'fine arts'는 바로 이 불어 개념을 번역한 것이다. 19세기를 거치면서 'fine arts'는 점차 시각예술 부문만을 지칭하게 되었고 이후에는 'art'만으로도 그러한 의미를 띠게 되었다.[22]

미술 개념의 형성은 미가 인간행위를 지배하는 하나의 독립적 원리로 고양됨을 의미한다. 미의 가치상승을 통한 미술의 자립화는 근대의 성취였다. 근대에는 인간활동의 많은 영역들이 분화되었는데, 이 중 특히 미적 영역은 전례 없는 영광을 얻으며 자신의 독립성을 쟁취하였다. 사실 아름다움에 대한 열망은 '근대성(modernity)'을 이루는 빼놓을 수 없는 요소이다. 떠오르는 부르주아계급은 지극히 현세적이고 타산적이었지만 그런 만큼이나 물질적 욕망으로 피폐해진 마음의 한구석을 채울 무엇인가를 애타게 찾고 있었다. 종교의 신비감이 이미 시들해진 상태에서 미적 체험이야말로 그들의 물질적 욕망을 도덕적 자유로 승화시킬 수 있는 최상의 계기로 등장했다. 그들은 순수한 아름다움을 체험하는 일보다 더 정신적인 것은 없으며, 이는 옛 특권층의 잡스런 취미와는 비교도 되지 않는다고 믿었다. 따라서 미술품을 감상하는 일은 곧 도덕적인 것이었으며 또한 그 자체로 구체제의 타락한 특권층을 공격하는 정치적 행위가 되었다. 미술의 심미적, 윤리적, 정치적 가치에 관한 체계적인 논의는 이미 혁명 이전부터 이루어졌다.

18세기는 미술 개념이 등장한 시기이면서 동시에 미에 대한 논의가 바자리와 같은 창작자의 관점으로부터 감상자의 관점으로 이동한 시기였다. 영국의 샤프츠베리(A.A.C. Shaftesbury)나 허치슨(Francis Hutcheson) 등은 미적 반응에 대한 철학적 탐구를 시도하였는데 여기에서는 창작 대상이나 기법보다 미술품이 감상자의 주관에 끼치는 영향에 주된 관심이 기울여졌다. 이러한 경향은 독일 철학자 바움가르텐(Alexander Gottlieb Baumgarten)이 '미학(aesthetica)'이란 새로운 학문 영역을 개척함으로써 대폭 진전되었다. 미학은 지각, 인식, 상상 간에 상호 연관성을 부여하여, 미를 대상에 내재된 속성이 아닌 진리의 특수한 표현으로서 취급하였다. 미학은 미술의 가치를 진작시키는 데 크게 기여하였다. 새로 독립을 쟁취한 미술 공화국은 우방인 미학의 도움으로 진리라는 고지(高地)를 획득함으로써 정치나 법, 종교, 철학, 도덕 등 전통적 열강들과 어깨를 나란히 할 수 있게 되었다.[23]

바움가르텐의 야심찬 지적 기획에 이어 칸트의 『판단력 비판』은 미술의 자립화를 위한 일대 전기(轉機)가 되었다. 그의 3부작의 마지막 편인 이 책에서 칸트는 '무관심한 쾌(快)' '목적 없는 합목적성' 또는 '놀이' 등과 같은 유명한 개념을 통해 미와 인식의 문제를 천착했을 뿐만 아니라 미적 취향과 도덕적 선의 관계도 규명했다. 이에 따르면 아름다움의 체험은 순수하면서도 의도적이고, 주관적이면서도 보편적이다. 왜냐하면 '취향(Geschmack)'은 특정한 목적이나 기능에 종속되지는 않지만 본질적으로는 '공통 감각(sensus communis)'이기 때문이다. 한 작품을 수용하는 방식은 자의적일 수 없고 전적으로 그 작품이 생성되고 향유되는 사회적 맥락에 의지한다. 한 사회의 구성원은 자신의 취향을 발전시키는 와중에 다른 구성원들과 취향을 공유하게 되며 이렇게 해서 서서히 자발적인 공동체 의식이 형성된다. 이는 위로부터 강요된 공동체 의식과는 본질적으로 다르다. 따라서 미술은 우리의 감각적 본성과 사회가 요구하는 윤리적 요청을 조화시키는 데 이바지한다.[24] 취향과 덕의 결합에 의해 고양된 공동체에 대한 이와 같은 전망은 이른바 '신고전주의(neoclassicism)'의 중심 요소가 되었다. '로코코(rococo)' 미술의 쾌락적 성격에 반발하여 등장한 이 신사조는 순수하고 강직한 고대 그리스의 미술을 미적 규범으로 삼았다. 파르테논 신전이나 라오콘 상은 그리스 도시국가의 모습 그대로 최상의 미와 도덕적 교훈을 결합시키고 있는 것으로 보였다.

18세기 이후 미술은 새로운 도덕적, 정치적 가치체계와 손을 잡음으로써 기존의 모든 종속관계를 청산하고 자립할 수 있었다. 미술의 자립화는 결코 미술의 고립화를 통해 이루어진 것이 아니었다. 그런데 바로 이 점이 다시 새로운 난제를 발생시켰다. 미술이 미적 체험의 보루로서 굳건히 서기 위해서는 도덕이나 정치와 같은 외부적인 가치로부터 보조를 받는 수밖에는 없었지만 이후에는 좀더 내부적인 가치기준을 정립할 필요가 있었다. 어차피 근대에 이르러 각각의 가치 영역들은 분화되어갔다. 옛 그리스인들에게서 보이는 '아름다운 영혼'은 이미 아련한 꿈처럼 사라져버린 지 오래였다. 이제 아름다움은 아름다움을 기준으로 판단되지 않으면 안 되었다. 그렇다면 과연 그 기준은 무엇이었을까? 미술은 어떻게 홀로 서게 되었는가?

미술사의 탄생

독일의 신고전주의자 빙켈만(Johann Joachim Winckelmann)은 바로 이러한 난제에 봉착했다. 그는 올바른 미술창작을 위해서는 영원한 미의 이상을 실현한 그리스의 전범을 '모방'해야 한다고 주장했는데 그의 '모방(Nachahmung)' 개념에는 인위적 노력이라는 함의가 담겨 있었다. 빙켈만은 모순에 시달렸다. 고대 그리스 미술이 당시의 훌륭했던 공동체를 표현하고 있다면 과연 그 공동체가 아련한 꿈처럼 사라져버린 지금 그 미술 본래의 정신을 복원하는 것이 가능할까? 우리는 우리 시대에 걸맞은 새로운 규범을 창조해야 하지 않을까? 빙켈만에게 있어서 미술품이 시대의 딸임은 의심의 여지가 없었다. 아름다운 과거는 다시 돌아올 수 없는 것이었다. 빙켈만은 확신에 찬 고전주의자로서, 자신의 규범을 포기할 수는 없었지만 동시에 그것의 시대적 한계도 의식하고 있었다. 그는 고대 그리스의 미술이 도달한 영원한 미의 이상을 어떻게 다른 시대에도 '모방' 가능한 원천으로 삼을 수 있을지에 대해 고심했다. 결국 그가 취한 방도는 고대 그리스 '미술의 역사'를 탐색하는 것이었다. 고대 그리스 미술이 여타의 시대적 흐름과는 독립된 순수한 '양식(Stil)'의 변천 과정을 통해 조감될 수 있다면 자신의 시대를 훌쩍 뛰어넘어 근대 미술에까지도 귀감이 될 수 있을 것이다. 고대 미술과 근대 미술이 다 같이 미술에 속하는 한, 양자의 시간적인 간격은 그리 중요하지 않다는 것이다.[25] 빙켈만이 제시한 이와 같은 대안은 고대 그리스 미술에 대한 이해를 심화시키긴 했지만 자신이 봉착했던 문제에 대한 흡족한 해결 방안이라고 보기는 어렵다. 고대 미술의 '순수한' 역사를 통해 그 고유한 아름다움을 밝혀낸다면 이는 영원한 미를 보여주기는커녕 반대로 근대 미술과의 차이를 드러내는 결과를 초래할 뿐이다.

신고전주의자로서의 빙켈만과 역사가 빙켈만이 보여준 자기모순은 곧 프랑스 학술원에서 벌어진 유명한 '고대와 근대의 논쟁(Querelle des Anciens et des Modernes)'에서 극적인 표현을 얻게 된다. 주로 문학이론가들 사이에서 고대 그리스 예술과 '근대(modern)' 예술의 우위를 판가름하기 위해 벌어진 이 초유의 사상투쟁은 초시간적인 미의 규범을 깨뜨림으로써 결국 근대주의자들의 승리로 막을 내렸다.[26] 이 논쟁을 통해 그리스 미술은 규범으로서의 지위를 상실하게 되었다. 사실 고전 고대 미술은 르네상스 이후 미술의 발전에 크게 기여하였지만 미술이 자립하기 위한 규범적 토대로서는 부족한 것이었다. 이제 미술은 새로운 기반을 모색하게 되었다. 그것은 다름 아닌 자신의 '역사'였다.

이미 16세기의 바자리는 선배 예술가들의 전기를 통하여 다른 어떤 권위에도 종속되지 않는 순수한 미의 이념을 탐색한 바 있었다. 18세기의 빙켈만은 순수한 '미술의 역사'를 인식하는 첫발을 내딛었다. 물론 고대 그리스 미술에 경도된 나머지 그 규범을 절대시한 것은 그의 한계였다. 그 이후 영원한 미라는 허상은 점차 자취를 감추게 되었고 대신 '미술사'의 흐름을 이루는 각각의 계기들이 중요성을 얻게 되었다. 각 작품이나 그것이 속한 양식은 다른 어떤 것으로도 환원될 수 없는 고유의 가치를 지닌 것이었다. 이제 미술이 자신의 가치를 인정받기 위해 호소할 수 있는 유일한 법정은 자신의 역사였다. 이 법정에서는 모든 것이 미적인 가치를 기준으로, 즉 미적인 동기와 형식, 재료 등에 의해 판단된다. 이러한 '미술사'의 법정으로부터 공인을 받음으로써 비로소 미술은 떳떳이 자립할 수 있게 된다.

미술사라는 발상은 매우 새로운 것이었다. 그것은 미술을 장인적 기술의 일종으로 국한시켰던 중세적 사고방식은 물론 영원한 미의 이상을 좇던 신고전주의적 사고방식과도 큰 차이를 보인다. 그것은 미술이 그 자체의 목적만을 위해 존재해왔다고 웅변한다. 미술은 자신만의 행로를 줄기차게 달려온 것이다. 차도를 지나거나 철길을 가로지르는 것은 아무래도 상관이 없다. 가끔 신호등에서 멈추어 서야 할 때도 있었지만 그렇다고 진로가 바뀐 것은 아니다. 정치적이거나 사회적인 배경은 미술을 단지 활성화하거나 제약할 뿐, 새로운 양식을 창출하거나 기존의 양식을 바꾸지는 못한다. 미술은 이제 미술사라는 장거리 경주의 한 구간을 독주하는 것을 자신의 유일한 목적으로 삼게 되었다. 그렇다면 과연 미술사는 교통이 번잡한 '역사'의 도로로부터는 완전히 폐쇄된 보도(步道)만을 달려온 것일까? 확실히 미술사는 미술을 역사의 일부로 편입시키는 데 반대한다. 그것은 말 그대로 미술(만)의 역사이다. 하지만 그렇다고 미술사가 역사와 무관한 것은 아니다. 흔히 간과되고 있는 사실이지만, 근대적 역사관은 미술사에 상당한 빚을 지고 있다. 다음을 생각해보자. 전근대세계에서는 오직 개별적인 '역사들(histories)'만이 존재하였다. 예를 들어 '오토(왕)의 역사' 내지는 '롬바르드족(族)의 역사' 등은 중세 기사의 무용담인 '롤랑의 노래'나 별반 다를 바 없는 '이야기'였다. 그러나 이와는 달리 근대의 '역사(History)'에는 수식어가 필요하지 않다. 즉, '역사' 자체가 하나의 주체로서 독립한 것이다. 따라서 '역사의 이념' '역사의 목적'과 같은 표현이 가능해진다. 더 이상 다른 아무것에도 구속되지 않고 스스로의 동력으로 움직여가는 실체, 스스로를 심판하는 법정, 이것이 바로 역사였다.[27] 그리고 이 새로운 발상의 근원지는 다름 아닌 미술사였다.

미술사는 근대적 '역사'의 관념을 잉태하고 키워간 어머니였다. 순수한 미적 양식의 생성과 변화 과정은 역사 진행의 모형을 보여주는 것이었다. 철학자 헤겔(G.W.F. Hegel)에게서 우리는 이러한 사고의 가장 철학적인 예를 발견한다. 『미학』에서 그는 자기 시대에 이르러 '미의 이념'이 최종 단계에 들어섰다고 말한다. 미의 숨은 이념은 '자연미'로부터 출발하여 '예술미'의 다양한 단계를 거치며 결국 '미술(schöne Künste)' 개념에 도달한다. 이 보편적 개념을 통해 미의 이념은 각 예술 영역을 구속하던 특수한 물질성으로부터 완전한 자유를 획득한다. 미의 이념은 이처럼 고정되어 있는 것이 아니라 '역사적으로' 전개된다. 그것은 '역사의 이념'이 전개되는 과정에 그대로 합치된다. 역사의 이념도 미리 고정되어 있지 않으며 오직 역사 안에서, 그 과정을 통하여 드러난다. 그 지난한 과정의 최종 단계에 이르러서야 역사의 이념은 제 모습을 완연히 드러낸다. 그것은 '세계사의 법정'을 주재하는 재판관으로서 역사상의 모든 인물과 사건을 심판한다. 그 최종 판결문에 따르면 역사는 모든 특수한 이해관계를 넘어선 '자유'라는 보편적 의식을 향해 매진해왔다. 이런 점에서 역사는 (또한 미술사가 그런 것처럼) 그 자체로 '이성적'이다.

이러한 헤겔의 발상은 당시 서서히 등장하고 있던 부르주아계층의 입맛에 아주 잘 맞는 것이었다. 그들은 절대왕정의 정통성을 뒷받침하고 있던 신학적이거나 자연법적인 사고를 대체할 새로운 세계관을 찾고 있었다. 그들은 역사에서 대안을 발견하였다. '역사의 이성'은 그 역동적인 변화의 힘으로 불변의 자연법을 깨뜨리고 새로운 세상을 창조할 수 있을 것으로 보였다. 혁명은 이러한 부르주아적 관념을 곧 현실적인 체험이 되도록 만들었다. 혁명을 통하여 부르주아지는 현실세계가 점차 이성적으로 변해가는 과정을 목도하였다. 그들은 이러한 변화를 '역사'의 이름으로 부르기를 좋아했고, 이제 그누구도 "역사의 수레바퀴를 거꾸로 돌릴 수 없다"고 확신했다. 역사야말로 새로운 세상을 축복하는 최상의 이념이었다. 19세기에 정치권력을 획득해간 부르주아지는 이제 스스로를 역사의 '주체'로 내세우면서 역사를 자신의 체제 정당화를 위한 이데올로기로 삼고자 하였다. 그들은 역사에서 급진적 변화의 측면을 은폐하는 대신 '기원'과 '생성' '발전' 등과 같은 하위 관념들을 전면에 내세움으로써 현재가 과거의 논리적이며 불가피한 귀결이라는 발상을 유포시켰다. 이에 따라 근대 부르주아 사회는 변혁의 산물이 아니라 이미 과거로부터 꾸준히 준비되어온 것으로서 상정될 수 있었다. 이와 같은 '연속성'의 의식은 과거에 대한 전례 없는 관심을 고취시켜 역사에 대한 학문적 연구, 역사화(歷史畵)나 역사소설 창작, 기념비 건립이나 기념일 제정, 그리고 무엇보다 박물관의 설립이 봇물을 이루게 되었던 것이다.

미술사와 박물관

이제 비로소 박물관의 문제로 되돌아올 때가 되었다. 우리는 이제 왜 박물관에서 잡다한 물품들이 사라졌는지, 그리고 그곳에서 왜 미술작품들이 역사적인 질서에 따라 전시되었는가를 이해하게 되었다. 18세기부터 본격화된 철학적, 역사적 논의를 통해 미술은 고유한 목적과 의미 그리고 역사를 지닌 최상의 창조 영역으로 정착되었다. 미술의 이러한 가치상승을 뒷받침하던 버팀목은 미술사라는 새로운 관념이었다. 미술사는 미술이 홀로 밟아가는 노정이 그 자체로 충분히 '이성적'일 수 있음을 보증해주었다. 위대한 걸작품들은 이제 여타의 영역들을 위한 보조 수단이 아니라 미술사의 한 장을 장식하는 기념물로 자리잡게 되었다. 이 기념물들을 보존하고 전시하는 곳이 바로 박물관이었다. 이곳에서는 미술사의 숭고한 흐름이 물질적으로 가시화될 수 있었다. 여기서 걸작품들은 전근대의 '갤러리'에서처럼 단순히 시각적인 쾌감을 주는 차원을 넘어서 새로운 내적 질서를 획득한다. 이들은 각각의 개체로서 독자성을 인정받으면서도 지리적, 시기적으로 분류된 '유파'에 속하거나 아니면 한 천재 작가의 예술적 여정을 이루는 단계로서 자리매김된다. 박물관이 이처럼 소위 '미술관'의 형식을 취한 것은 결코 스스로를 제한시키는 일이 아니었다. 이 새로운 기관은 기념비적인 미술품들을 통해 한 민족의 정신적 궤적을 가시화하고 그것에 질서를 부여했다. 이제 막 등장한 '역사'는 바로 박물관을 통하여 명료한 이미지와 논리적 일관성을 얻게 된다. 순수한 미적인 가치를 추구하는 일은 곧 역사적인 가치에 충실해지는 것이기도 했다.[28]

박물관은 탄생 초기부터 미술사와의 공조관계를 발전시켜 나갔다. 미술사 연구의 도움으로 박물관의 수집과 전시는 보다 전문화될 수 있었으며 박물관의 도움으로 미술사는 학자의 좁은 골방에서 벗어나 제도적인 기반을 얻을 수 있었다. 이후 미술사가 대학의 정규 분과로 자리잡기 전까지 박물관은 미술사가들의 요람으로 기능했다. 점차 증가되는 연구자들은 예술가에 대한 정보의 집적, 미술품들의 목록 작성, 양식 분류, 창작연대의 측정, 기법 분석, 원작자의 규명 등 많은 업무를 수행했다. 그러나 무엇보다 핵심적인 역할은 '명작(masterpiece)'을 확정하고 그것의 진품 여부를 가리는 데 있었다. 박물관은 미술사가의 의견에 따라, 주로 그들을 큐레이터로 삼아 미술품을 수집하고 전시함으로써 사회적으로 공인되는 미적 기준을 수립하는 중심 기관으로 자리잡았다. 따라서 박물관에 걸린 진품의 명작은 가히 종교적이라 할 만한 '신성함(aura)'을 획득할 수 있었다.[29] 물론 이러한 진품이 손상되었다면 마땅히 미술사가의 조언을 받아 원래의 모습대로 '복원(restauration)'되어야 했다.

이런 점에서 박물관은 미술사가뿐만 아니라 예술가들의 활동을 위해서도 무엇보다 중요한 장이 아닐 수 없었다. 예술가들은 예전처럼 장인 휘하에서 수련을 거치는 대신 이곳에 와서 그간 말로만 듣던 과거의 걸작품으로부터 직접 배울 수 있었다. 과거의 다양한 양식들에 대한 이해가 없이 붓놀림에만 능숙한 화가는 결코 시대의 요구에 부응하는 걸작품을 창출할 수 없었다. 이처럼 박물관은 예술가들에게 훌륭한 교육기관으로서 기능했지만, 동시에 그들의 꿈을 좌절시키는 무책임한 기관이기도 했다. 그것은 이를테면 자신이 키워낸 학생들을 길거리로 내모는 매정한 스승과도 같았다. 박물관은 미술창작보다는 미술사를 선호했다. 박물관은 명작들의 '묘지'로서, 그곳에는 소수의 아카데미 회원을 제외한 대부분의 살아 있는 작가들을 위한 빈자리는 없었다. 미술사가가 중심이 된 박물관 종사자들은 오랜 시간의 검증을 통과한 작품들만이 그곳에 보존될 가치가 있다고 생각했다. 이에 따라 동시대 미술(contemporary art)은 오직 연례 전시행사나 경매시장을 찾아 헤매는 수밖에 없었다. 후원자를 찾지 못한 생존 작가들은 봉건적 구속에서 해방된 여느 프롤레타리아트와 다를 바 없이 무방비 상태로 험한 시장통에 던져졌다. 그들의 유일한 꿈은 과거의 천재 예술가들처럼 자신의 작품이 박물관에 걸리는 일이었다. 그것은 작품이 미술시장으로부터 자유와 독립성을 보장받으며, 그럼으로써 영구히 보존됨을 의미했다. 19세기의 예술가들은 자신의 작품이 미술사의 전당에 세워진 하나의 기념비가 될 수 있기를 열망했다.[30]

박물관과 미술사의 공조는 분명 미술의 자립화를 위한 토대를 굳혀주었다. 하지만 그것은 역설적으로 새로운 창작행위를 억누르는 기능을 수행하였다. 역사는 모든 생명을 앗아가는 묘지와 다를 바 없었다. 그것은 부르주아에 의해 독점되면서 옛 절대왕정이 내세웠던 자연법의 원리에 못지않게

정태적인 이데올로기로 변질되어갔다. 19세기가 채 마무리되기도 전에 박물관은 벌써 구태의연한 기관으로 지목되기 시작했다.

진화 : 가능성의 모색

역사주의에서 모더니즘으로

19세기에 수없이 생겨난 미술관들은 대체로 다음의 세 가지 가정에 입각해 있었다. 먼저 회화, 조각, 건축은 미술로 정의되는 특수한 체험의 카테고리에 속한다. 둘째로, 미술작품은 역사적인 가치를 지니므로 그 가치를 인식하고 영구 보존해야 한다. 셋째로, 미술을 역사적으로 이해하는 일을 통해 국민들은 도덕적 교훈과 시민적 윤리를 획득할 수 있다. 이러한 가정들은 전혀 흔들리지 않을 듯 보였지만 사실은 매우 취약한 기반 위에 세워져 있었다.

우선 미술관은 구체제 하의 갤러리가 귀족들만의 밀실이었던 것과 마찬가지로 부르주아지에 의해 독점된 측면이 없지 않았다. 미술이 여타의 가치로부터 해방되어 심미성을 유일한 가치로서 획득하자 부르주아는 그것을 독점하고 싶어했다. 칸트가 철학적으로 해명해주었듯이, 떠오르는 그들에게 아름다움은 곧 진리요 도덕이었던 것이다. 미술관에서 부르주아지는 자신의 정신적 우월감을 한껏 충족할 수 있었다. 미술관은 표면적으로는 모두에게 열려 있었지만 이러한 '아량'은 부르주아의 위선에 지나지 않았다. 이 고상하고 엄격한 공간은 평범한 대중들에게 전혀 정서적 동질감을 주지 못했으며 단지 그들이 문화적으로 소외되었음을 확인시켜줄 뿐이었다. 그들은 이곳을 찾을 만한 용기나 흥미 또는 여유를 갖지 못했다. 따라서 부르주아지는 미술관을 사회적 차별을 위한 효과적인 수단으로 이용할 수 있었다.[31]

미술관이 수행했던 정치권력상의 기능뿐만 아니라 그 내적 원리를 제공하던 미술사의 틀 또한 그다지 신뢰할 만한 것이 되지 못했다. '명작'들에 부여된 역사적 질서는 사실 근대의 산물에 지나지 않았다. 그것은 작품을 만들었던 예술가나 그들의 후원자들로서는 전혀 상상도 해보지 못한 질서였다. 미술관은 이 질서를 마치 각 작품들에 내재한 것처럼 연출했지만 그것은 사실상 작품들 위에 덧칠해진 것에 불과했다. 미술사의 원리는 한편으로는 미술의 해방을 알리는 것이었지만 다른 한편으로는 미술에 대한 또 하나의 억압이기도 했다. 미술을 역사화(歷史化)시키는 사고방식은 19세기 후반부터 의

심받기 시작하였다. 이는 '역사'라는 발상 자체가 의문시되었던 것과 맥을 통한다.

역사란 본래 역동적 변화를 근간으로 하는 지극히 근대적인 세계관이었다. 19세기 유럽의 문화에서 역사는 지배적 위치를 점하였는데 그 비중이 너무도 컸기에 역사와 관련된 당시의 모든 사고와 행동방식은 이후 '역사주의(historicism)'로 불리게 되었다. 역사주의의 관점에 따르면 하늘 아래 어떤 것도 영원불멸할 수는 없다. 어떠한 심오한 철학이나 아름다운 예술품도 자기의 시대를 벗어날 수는 없다. 모든 시대나 사건은 오직 일회적으로만 발생하고 각기 고유하다. 19세기 역사가 랑케(Leopold von Ranke)의 고식적인 표현을 빌린다면, "각 시대는 직접 신(神)을 향해 있다." 랑케는 한 시대를 다른 시대의 기준으로 재단해서는 안 된다고 생각했다. 각각의 시대는 오직 자신의 '역사성'32)에 구속되어 있을 뿐이다. 모든 시대에 관여할 수 있는 권능은 오로지 역사라는 세속적 '신'에만 주어진다. 앞서 설명하였듯, '역사'에 의해 고무된 역동적 변화의 의식은 부르주아에게 절대왕정의 권위에 도전할 수 있는 근거를 마련해주었지만 그들이 기득권을 차지하게 된 이후에는 이내 거추장스런 것이 되고 말았다. 그래서 그들은 역사에서 '연속성'의 측면을 애써 강조했다. 19세기에 점점 더 거센 변화의 물결이 몰아닥칠수록 그들은 과거와의 끈을 놓지 않으려고 안간힘을 썼다. 그러나 현재와 과거는 점점 더 멀어지기만 할 뿐이었다. 점차 역사주의는 상대주의의 온상이 되어갔다. 각 시대와 개체의 고유성이 더욱더 강조되었고 그것을 현재적 편견으로부터 해방시키는 데 주안점이 두어졌다. 이제 역사적 사고는 현재적 의미를 잃은 채 과거에 대한 호고(好古)적 관심으로 변질되어, 소수의 전문가만이 이해할 수 있는 특수 영역으로 전락했다. 이처럼 역사가 더 이상 현재적 삶에 봉사하지 못하게 되자 박물관도 위기에 직면하게 되었다.

19세기 후반부터는 박물관에 대한 비판적 논의가 전개되기 시작했다. 스스로 '반시대적'이라 주장했던 니체는 당대에 만연해 있던 역사주의적 사고방식이 호고적 취미를 부추기고 있다는 점을 지적하며 이를 거침없이 '골동품적'이라고 비꼬았다.33) 진짜 골동품의 집산지인 박물관은 이런 점에서 보면 역사주의의 아성임에 분명했다. 박물관에서 예술은 한낱 골동품으로 전락한다. 그러나 예술은 '생'에 봉사해야 한다고 니체는 역설했다. 예술은 수집될 것이 아니라 새로이 창조되어야 할 것이었다. 니체가 이러한 사고의 원천으로 삼은 것은 고대 그리스였다. 물론 그것은 이미 퀴퀴한 골동품 냄새가 나는 고전주의적 그리스가 아니라 정열이 넘치는 '디오니소스적' 그리스였다. 이제 진정한 미적 체험은 박물관이나 학자의 연구실이 아니라 생의 활력을 이끄는 축제와 음악 등에서 구해져야 했다.34)

니체의 선구적 비판은 많은 추종자를 낳았다. 그들은 박물관이 역사의 이름으로 예술을 사장시킨다고 비판했다. 박물관은 우리의 일상적인 삶 속에 살아 있던 작품을 원래의 환경으로부터 떼어내어 박제화한다. 박물관이란 우리의 삶으로부터 고립된 곳, 걸작품의 시체가 안치되어 있는 묘지이다. 이 그늘 진 공간은 (니체가 지적했듯이) 과거의 힘에 짓눌려 더 이상 현재를 살지 못하는 근대 문명인에게 걸맞은 장소이다. 니체와 그의 이념적 추종자들은 이러한 새로운 발상에 근거하여 예술과 삶, 진리, 도덕의 관계를 다시 설정하려고 시도하였다. 이제 미술에서 중요한 것은 역사적 가치가 아니라, 미술사가 리글(Alois Riegl)의 표현처럼, '예술적 의지(Kunstwollen)'[35]였다.

19세기에 미술사와 박물관은 미술을 역사화했다. 미술작품에 있어서 최고의 영예는 역사적 가치를 획득하는 일이었다. 미술은 여기서 더 나아가 역사를 작품의 주제로 삼았다. 19세기 유럽 각국의 아카데미 화단은 역사화(歷史畵)에 주력하고 있었다. 동시대 작품으로서 박물관에 걸릴 수 있는 것은 오직 역사화뿐이었다. 그러나 이미 19세기부터 이에 대한 저항의 움직임이 드세게 나타났다. 이른바 미술의 '탈(脫)역사화' 경향이 크게 두 방향으로 전개된 것이다. 하나는 미술의 정치화로서, 프랑스 화가 쿠르베(Gustave Courbet)의 경우처럼 미술이 사회현실에 대해 보다 적극적으로 발언하려는 경향이었다. 이는 흔히 '리얼리즘(realism)'이라고 불린다. 다른 하나는 미술의 더욱 극대화된 심미화(審美化)로서, '인상주의(impressionism)'에서 가장 극명한 표현을 얻는다. 모든 사회, 정치적인 맥락을 떠나 감각에 직접 와닿는 순간의 아름다움을 포착하려고 한 이 새로운 유파는 날로 귀족화되어가는 상층 부르주아지에 반(反)하여 소박한 일상생활을 구가하던 '쁘띠 부르주아지'의 취향에 잘 부합했다. 인상주의는 '역사'의 부담스런 짐을 내려놓고 세상 만사가 펼쳐 보이는 변화무쌍한 '인상'들을 찾아 나섰다.

20세기로의 전환기에 유럽 예술은 이후 '모더니즘'이라는 개념 안에 포괄될 새로운 경향을 보여주었다. 인상주의뿐만 아니라 미술과 공예의 재결합을 추구했던 '아르누보(art nouveau)'나 영국의 '공예(artcraft) 운동' 등은 미술의 가치에 대해 새로운 인식을 낳았다. 이제 새로운 미술은 역사적인 가치에 매몰될 필요가 없어졌고 이에 따라 폐쇄적인 미술관의 전시실 대신 상업 화랑을 통해 새로운 활로를 찾아갈 수 있었다. 결국 미술에 있어서 미술관의 독점적 지위는 상실되어갔다. 이러한 새로운 경향은 당연히 박물관의 성격과 구조에도 영향을 끼치지 않을 수 없었다. 유럽의 일부 박물관들은 이제 좁은 미술관의 틀을 벗어나 대중들의 일상적 삶에 접근하려고 시도하였다. 따라서 '순수 미술'뿐만 아니라 대중들에게 친근한 공예품도 점차 박물관의 수집목록에 기재되기 시작했다.[36] 그러나 아직도 많은 박물관들은 변화의 요구 앞에서 주저했다. 세기 말의 유럽 박물관들은 무엇보다 인상주의 작품의 수용 여부를 놓고 심한 갈등상황에 빠져들었다. 특히 정치적으로 극히 보수적이었으며 정신적으로 역사주의의 요람이었던 독일에서 갈등은 가장 첨예한 양상을 띠었다. 독일의 경우를 살펴보는 것은 앞서 프랑스를 중심으로 설명한 19세기 유럽 박물관의 흐름을 보다 폭넓게 이해하는 데 도움이 될 수 있을 것이다.

독일의 경우 : 권위주의 국가와 부르주아 사이에서

    20세기 초까지도 독일의 박물관계는 모더니즘에 대해 적대적인 태도를 고수하고 있었다. 특히 프랑스가 주도한 인상주의 미술은 '독일적' 정서와는 맞지 않는 이질적인 것으로 강하게 배척되었다. '독일적인 것'에 대한 가히 병적인 집착은 독일 근대문화의 주요한 특징에 속한다. 특히 프랑스에 대한 강한 경쟁심은 독일인의 민족 정체성에서 핵심적인 요소를 이루는 것이었다. 독일에서 박물관이 형성된 것도 따지고 보면 프랑스가 주된 원인이었다. '혁명전쟁'을 통해 독일 지역을 지배하게 된 나폴레옹이 이곳의 명작들을 대거 프랑스로 약탈해 가자 독일의 '민족정신(Volksgeist)'을 보존하기 위한 박물관 설립의 필요성이 대두되었던 것이다.

    독일의 박물관 설립은 매우 독자적인 의식에 의해서 뒷받침되었다. 그것은 낭만주의자 슐레겔(Friedrich Schlegel)이 주창한 '미적 혁명' 개념에서 가장 명시적인 표현을 얻게 된다. 이 개념에는 예술에서 종교적 구원을 찾는 낭만주의 특유의 사고방식이 들어 있다. 소위 '교양시민계층(Bildungsbürgertum)'으로 자처했던 독일의 부르주아지에게 정치적 혁명은 프랑스적인 것이지 독일적인 것은 아니었다. 독일의 혁명은 단지 외적인 조건을 바꾸는 것이 아니라 진정한 정신의 혁명이어야 했다. 프랑스인은 새로운 국가를 건설했지만 독일인은 영원불멸의 위대한 예술품을 창조할 것이었다. 독일은 로베스피에르

구 피나코텍(Alte Pinakothek)의 현재 모습.

대신 괴테를 낳았다.[37]

독일의 박물관은 프랑스처럼 정치적 혁명의 산물이 아니었다. 독일에서 '공적 영역(Öffentlichkeit)'의 탄생은 사실상 궁정(Hof)문화의 점진적인 변형 속에서 이루어졌다. 이와 같은 궁정과 공공 영역의 결합은 범(汎)유럽적 현상이기는 했지만 독일에서는 그 정도가 심했다.

1820년대부터 독일에서도 박물관 설립의 봇물이 트이게 되었는데, 대부분의 경우 전근대적인 진열실(Kammer)과 갤러리(Galerie) 공간을 그대로 유지하였다. 이 중 가장 국제적으로 알려진 것은 신고전주의 건축가 클렌체(Leo von Klenze)가 설계한 뮌헨의 '구 피나코텍(Alte Pinakothek)'과 '신 피나코텍(Neue Pinakothek)'이었다. 이들은 아직도 세계적인 미술관으로 명성을 유지하고 있다. 1842년 완공된 '구 피나코텍'은 근대 이전의 작품들을 그리고 1853년 개관한 '신 피나코텍'은 근대 미술 – 'moderne Kunst' – 을 전시하기 위해 건립되었다. 이 양대 미술관은 대단히 근대적인 면모를 갖추고 있었다. 이들은 오직 '순수 미술'만을 위한 공공기관이었고 실내구조와 전시 방식에 있어서 이미 시대의 주류로 자리잡은 역사주의의 원리가 여지없이 관철되어 있었다. 그러나 당시의 프랑스와 크게 대비되는 점이 있는데, 이들을 건립한 주체는 '국민'이 아니라 뮌헨을 수도로 했던 바이에른(Bayern) 왕실이었던 것이다. '피나코텍'의 경우는 이른바 '근대성'이 아래로부터가 아니라 위로부터 관철되는 독일사의 전반적 특징을 잘 드러낸다.[38]

앞서 살펴보았듯이, 19세기 유럽의 박물관에서는 민주주의와 국가주의라는 두 개의 가치가 상호 경쟁하였다. 독일에서는 바로 후자가 일방적인 우위를 점하고 있었다. 독일에서 국가는 혁명을 통해 변혁해야 할 대상이 아니라 오히려 '위로부터의 혁명'을 이끌어갈 주체로 상정되었다. 베를린 대학의 설립을 주도했던 당대의 대표적 지성 훔볼트(Wilhelm von Humboldt)는 예술의 자율성이 그 자체로 국가의 목적과 부합된다고 말했다. 물론 이는 국가가 예술이나 학문을 직접적으로 통제해야 한다기보다는 오히려 외적인 강제로부터 자유로운 예술과 학문이 그 자체로 국가에 이바지할 수 있음을 의미했다.[39]

이처럼 국가주의에 깊게 물든 분위기 속에서도 독일 부르주아지는 박물관 영역만큼은 양보하려 하지 않았다. 그들에게 박물관은 문화적 헤게모니를 얻기 위한 최상의 기회를 제공했다. 유럽의 다른 나라들과 비교해볼 때 독일 부르주아지는 문화 외의 여타 영역에서 자신의 정당한 지위를 인정받지 못하고 있었다. 뒤늦게 이루어진 통일은 보불전쟁의 참화 속에서 프로이센 토지귀족(Junker)의 주도 하에 이루어졌고 새로이 탄생한 '독일제국'의 권력기구에서 부르주아는 배제되어 있었다. 결국 독일 부르주아지는 자신의 증대된 경제력을 정치가 아닌 '교양(Bildung)'과 결합시킬 수밖에 없었다. 무엇보다도 미술의 후원과 박물관 설립은 이들로 하여금 자신의 사적인 수단을 공공의 목표를 위해 사용할 수 있게 함으로써 이들이 부르주아로서 자신감과 고유의 정체성을 발견하고 상호간의 연대의식을 강화할 수 있도록 고취시켰다. 따라서 박물관의 설립과 정책 수립에 대한 이들의 참여에는 대체적으로 민주주의에 대한 진한 열망이 깔려 있었다.[40]

부르주아의 계급적 이해와 권위주의 국가는 박물관에서 때로는 충돌하기도 때로는 결합하기도 하였다. 이러한 이중적인 모습을 단적으로 보여주는 예는 1855년 베를린에 개관된 '국립 미술관(Nationalgalerie)'이다.[41] 전적으로 '근대 미술'을 전시하기 위한 목적으로 지어진 이 기관은 그 이름이 표방하는 바와는 달리 '국민(Nation)'이 아닌 왕실에 의해 설립되었다. '갈레리(Galerie)'라는 명칭도 19세기부터 본격적으로 등장하기 시작한 상업 갤러리가 아닌 17세기에 유행한 왕실의 진열공간을 의미했다. 그러나 국립 미술관은 '피나코텍'에 비하면 훨씬 국민적 성격을 띠고 있었다. 19세기 독일에서는 상류계층과 부르주아지가 함께한 후원회 단체인 '예술협회(Kunstverein)'가 각지에 창립되었다. 이 단체들은 '민족적' 예술만이 독일 민족

독일 국립 미술관과 박물관의 섬.
남동쪽 방향으로부터 찍은 사진(1879/1880).

의 내적인 통일을 가져다줄 것이라고 주장하며 이를 위한 제도적 기반을 마련해 줄 것을 정부에 거듭 요청했다. 그러던 중 때마침 좋은 기회가 찾아왔다. 1861년 한 부유한 기업가가 자신이 소장하던 회화 작품들을 프로이센(Preußen) 왕실에 기증하였다. 국립 미술관의 설립은 이렇게 우연한 계기를 통하여 시작되었다. 그것은 독일제국이 건립된 지 5년이 지난 1876년에 완공되었다.

권위주의적인 프로이센 왕실에 의해 건립된 독일 국립 미술관은 처음부터 강한 보수주의적 성향을 띠었다. 이는 일단 겉모습에서부터 확연히 드러난다. 국립 미술관 건물은 여러 개의 박물관들이 고색창연하게 어우러져 있는 소위 '박물관의 섬(Museuminsel)' 맨 가장자리에 놓여 있다. 이 건축물은 전체적으로 신고전주의 양식을 띠고 있으며, 옆으로는 슈프레(Spree) 강이 흘러서 강 건너에서 보면 고대 그리스의 신전을 연상시킨다. 건물 정면의 기념 계단 정상에는 프리드리히 빌헬름 4세(Friedrich Wilhelm IV)의 기마상이 놓여 있으며, 화려한 문양이 새겨진 박공의 중심에는 독일 민족정신의 구현인 게르마니아(Germania)가 예술의 후원자로서 표현되어 있다. 국립 미술관은 이미 그 외관을 통해 이제 막 통일된 독일제국이 추구하던

이데올로기, 즉 민족정
신과 역사 그리고 황권
(皇權) 간의 결합을 시
각적으로 대변했던 것
이다. 황실의 입장에서
는 이 가치들 간에 아무
런 모순도 없어 보였지

독일 국립 미술관.
남서쪽 방향으로부터 찍은 사진(1902).

만 부르주아지에게는 그렇지 않았다. 원론적으로 볼 때 '민족'
이나 '역사'와 같은 근대적 발상은 '왕조적' 가치와는 상반되
는 것이었다. 독일 부르주아지는 그 차이점을 식별할 줄 알았
다. 그러나 그들은 또한 이 상반되는 가치들 간에도 경우에 따
라서는 타협이 가능함을 알았다. 적어도 타민족의 가치와 경
쟁할 때만큼은 그러했다.

　　19세기 말엽 독일의 박물관들은 프랑스 인상주의의 수용
문제를 놓고 매우 국수주의적인 태도를 보이고 있었다. 적어
도 이 점에서만큼은 정말로 민족정신, 역사, 황권 간에 모순이
존재하지 않는 것 같았다. 문화적 국수주의에 있어서는 왕실
이나 부르주아 간에 거의 이견이 없었다. 당시 베를린 박물관
계의 대부였던 보데(Wilhelm Bode)는 매우 지적이고 합리적인
인물이었지만 인상주의 작품들을 박물관에 전시하는 것에 대
해서는 부정적인 시각을 견지하고 있었다. 그러나 그는 인상
주의 미술 자체를 막무가내로 배척하는 대신 역사주의적 사고
방식을 근거로 내세웠다. 박물관의 사명은 미래를 개척하는

것이 아니라 과거를 보존하는 데 있다는 것이다. 당시의 일반적인 분위기에 비추어볼 때 특히 국립 미술관과 같은 국가기관이 인상주의 미술을 수용할 리는 만무했다. 당시 국립 미술관의 모든 작품 구입은 황제의 최종 결재를 맡아야 했다. 황제 빌헬름 2세(Wilhelm II)의 옆에는 그의 미술선생이었으며 당대 독일 아카데미 화단을 주름잡고 있던 역사화가 안톤 폰 베르너(Anton von Werner)가 있었다.

1896년 빌헬름 2세는 보데의 추천을 받아 츄디(Hugo von Tschudi)라는 인물을 신임 국립 미술관장으로 임명했다. 츄디는 스위스 명문가 출신으로 일견 보수적인 사고를 지니고 있는 것으로 보였다. 그러나 그는 독일에서 가장 중심적인 미술관의 수장이 된 이후 놀랍게도 프랑스 인상주의의 옹호자로 돌변했다. 그는 취임 직후 독일의 대표적 인상주의 화가인 리버만(Max Liebermann)과 함께 파리 여행을 하면서 인상주의에 대한 이해의 폭을 넓혔고 곧 국립 미술관을 새로운 미술의 전시장으로 만들려는 가히 헤라클레스적인 도전을 시작하였다. 1897년 츄디는 국립 미술관을 대대적으로 개조하였다. 본래 흑갈색 톤이었던 공간은 분홍색, 연녹색, 황색의 밝고 힘찬 톤으로 바뀌었다. 이것은 일대 반란이었다. 그는 이미 황제와의 갈등도 불사하고 있었다. 1899년 빌헬름 2세의 생일날 왕립 예술아카데미의 강당에서 츄디는 '예술과 공중(公衆)'이라는 제목의 강연을 하였는데 그는 여기서 역사주의에 물든 아카데미 화단을 강력 비판하면서 황제의 예술관을 간접적으로 공격하였다. 물론 그곳에는 황제도 참석중이었다. 몇 달 후 국립 미술관을 방문한 황제는 새로 구입된 인상주의 작품들에 대해 불허의 방침을 밝혔고 더 나아가 국립 미술관을 원래 모습대로 복구할 것을 명령하였다. 물론 츄디가 이 명령에 불복할 방도는 없었다. 황제의 명이 떨어진 후 베를린 박물관계에서는 츄디에 대한 대대적인 공세가 시작되었다.[42]

츄디의 '개혁'은 권위주의 국가에서는 실현될 수 없었다. 또한 당대의 독일 부르주아지도 그의 손을 들어주지 않았다. 그들에게는 황제와 국가권력보다는 이민족의 문화가 훨씬 더 위협적인 상대로 여겨졌던 것이다. 민족적 가치는 권위주의를 용인했다. 박물관을 놓고 독일 부르주아지는 권위주의 국가와 경쟁했으나 '민족정신'을 수호하기 위해서는 긴밀히 공조하기도 했다. 독일 부르주아지의 이러한 태도는 앞서 살펴본 프랑스의 경우와는 분명히 대조적이다. 그렇지만 그들을 너무 폄하할 필요는 없다. 19세기 독일의 박물관들을 정상적 발전이 지체된 예로서 본다면 이는 박물관이라는 기관을 너무 높게 평가하는 셈이다. 독일의 경우는 오히려 박물관 본래의 면모를 보여준다고 할 수 있다.[43] 박물관이 형성되는 과정은 어느 곳에서나 이율배반적 논리와 갈등으로 점철되어 있었다. 만약 시야를 더 확장하여 여타 유럽국가들, 더 나아가 유럽 외부의 박물관을 고찰해본다면, 개방성과 폐쇄성, 시민과 국가, 사회적 가치와 민족적 가치, 순수한 교양과 문화적 헤게모니 간의 모순은 더욱 극명하게 드러날 것이다.

박물관은 아직도 건재하다

박물관의 해체

박물관은 근대를 들여다볼 수 있는 거울이다. 근대는 우리가 흔히 알고 있듯이 과학적 합리성과 정치적 민주주의, 자본주의 경제 등과 같은 요소만으로는 정의될 수 없다. 근대는 양면성을 지니고 있다. 어느 쪽 면에 거울을 비추는가에 따라 근대는 매우 다른 모습으로 나타난다. 과학적 합리성과 유사 종교적 이데올로기, 민주주의와 중앙 집권적 통제, 물질적 욕망과 심미적 관조 등은 양쪽 모두 근대의 모습에 속한다. 박물관은 바로 이러한 근대의 양면성을 다 같이 보여준다는 점에서 흥미롭다. 특히 혁명의 산물이면서 동시에 그에 대한 대응책이라는 점이 가장 두드러진다. 혁명을 통해 등장한 이 근대적 기관은 우선 '국민'의 자유와 평등이라는 가치를 담고 있었고 그 기저에는 인간이 역사를 만드는 '주체'라는 세속적이고 능동적인 관념이 자리잡고 있었다. 박물관은 '역사의 이성'을 입증하는 곳이었다. 그러나 동시에 박물관은 혁명이 몰고 온 거센 풍파 속에서 과거가 머무는 안식처였다. 박물관은 과거를 극복의 대상이 아니라 아름다움으로 체험하는 곳이었다. 물론 근대세계에서 아름다움을 향유하는 일은 단순한 호사(好事) 이상의 의미를 지닌다. 적어도 칸트적 의미의 '취향'은 철학적 사유만큼이나 지혜롭고 도덕적 판단에 못지않게 선하며 또한 신앙처럼 숭고한 것이었다. 이렇게 최상의 정신적인 가치로 고양된 미적 취향은 혁명의 숭고한 이상에 잘 부합되었고 혁명을 더욱 빛나게 해주었지만, 동시에 혁명이 내쳤던 '구체제'의 유산을 다시금 따뜻하게 품어주었다. 따라서 혁명이 근대의 아버지였다면 미적 취향은 근대의 어머니에 해당한다. 박물관은 바로 그들이 낳은 딸이었다.

박물관이라는 우리말은 박물관의 이러한 근대적인 측면을 은폐시킨다. 우리나라의 박물관이 아직도 '골동품' 진열실의 차원을 벗어나지 못하고 있는 것은 그것의 명칭과도 무관하지 않을 것이다. 이름은 한 사물에 내재하는 속성이 아니라 다른 사물과의 관계 속에서 그 사물의 지위를 규정한다. '박물'관이라는 명칭은 우리 사회에서 박물관이 차지하는 위상을 규정한다. 우리 사회는 박물관에 별다른 정치적, 문화적, 교육적 역할을 기대하지 않는다. 그곳에는 단지 과거가 남긴 배설물만이 쌓여 있을 뿐이다. 우리의 집단기억은 그곳에 머무르려 하지 않는다.

박물관이 '박물'관이 아니라는 점을 깨닫기 위해 가장 효과적인 방법은 박물관의 형성 과정을 살펴보는 것이다. '역사적' 사고는 모든 것을 변화 속에서 평가하는 특징을 갖고 있다. 역사적으로 보면 박물관과 그것의 조상 격인 각종 진열공간들은 해당 시대의 정치, 사회, 문화와 긴밀한 관계를 가지면서 끊임없이 변화해왔다. 근대에 이르러 등장한 박물관의 가장 큰 특징인 역사적 진열방식도 근대의 독특한 정치적, 사상적 경향에서 비롯된 것이었다. 물론 이마저도 20세기에 이르면 다시 변화를 겪게 된다. 이처럼 박물관은 부단히 변화하는 기관이다. 따라서 박물관의 의미와 기능이 고정된 것이 아님을 알기 위해서는 역사적인 시각이 필요하다. 박물관에 대한 논의는 결코 박물관 관계자들의 실무적 논의에 국한될 수 없다.

지금까지 논의한 바를 바탕으로 이제는 박물관의 현재적 의미에 대해 언급할 때가 되었다. 박물관은 이미 초창기의 모습과는 많이 변해 있다. 그때의 모습을 가지고 지금의 박물관을 왈가왈부하는 것은 어쩌면 공연한 잡담에 불과한지도 모른다. 그러나 잡담도 잡담 나름의 가치가 있다. 잡담이 문제의 해결책을 찾지는 못할지라도 문제의 본질을 분명히 드러내줄 수만 있다면 나름대로 유익할 것이다. 박물관의 탄생을 살펴보는 것은 박물관의 현재에 대해 논의할 수 있는 틀을 제공해준다. 아니, 보다 정확히 말한다면 우리 시대의 박물관을 통하여 비로소 박물관의 탄생에 대해 제대로 논의할 수 있게 되었다. 철학자 헤겔이 말했듯이, 한 시대의 의미는 그것이 종결되는 시점에 와서야 비로소 명확해지는 법이다. 박물관의 '근대성'이 해체되어가는 시점은 그 참모습이 드러나는 시점이기도 하다.

우리 시대의 박물관은 더 이상 미술관의 특권을 인정하지 않는다. 박물관이 '순수 미술'의 족쇄를 벗어난 지는 이미 백년이 다 되어간다. 이제 박물관은 인간 삶의 흔적이 담긴 모든 것을 유물로 삼고 있으며 또한 농촌, 탄광, 공장, 선박, 백화점, 고성(古城), 심지어 감옥에 이르기까지 삶이 이루어지는 거의 모든 곳에서 찾아볼 수 있다. 박물관은 더 이상 일상적 삶과 거리를 두려고 하지 않는다. 물론 박물관은 아직도 과거의 유산을 취급하기는 하지만, 그곳에서 과거는 현재와 아주 직접적으로 마주하고 있다. 그곳은 더 이상 민족의 찬란한 역사를 배우는 곳이 아니다. 그곳은 단순히 과거에 대한 향수를 불러일으키는 곳이다. 박물관은 현대 자본주의 사회에서 유행하는 이른바 '문화재 산업(heritage-industry)'의 일부로 전락하고 말았다. 버려진 옛 궁터나 귀족의 영지, 옛 시골마을, 각종의 폐허가 역사적 의미와는 무관하게 오직 상업적인 관심에 따라 단장되고 소비된다.[44] 이러한 경향은 16세기의 쿤스트캄머를 연상시키기도 한다. 19세기의 박물관이 주로 위대한 미술품들을 매개로 '역사'를 공부하는 곳이었다면 '기억극장'의 형태를

79

취했던 쿤스트캄머는 잡다한 사물들을 통해 과거를 '기억'하는 곳이었다. 물론 이때의 기억은 전우주적인 차원을 지녔던데 반해 우리 시대의 기억은 지극히 개인적이라는 점이 다르기는 하다. 우리는 박물관에 가서 대개 자신만의 아련한 추억을 담아온다.

우리 시대 박물관의 모습이 형성되는 데 더욱 결정적 역할을 수행한 것은 새로 등장한 '사이버공간(cyberspace)'이다. 이것은 디지털방식의 저장과 시뮬레이션 기법에 의해 창조된 가상적(virtual) 공간이다. 이 새로운 차원의 공간은 개인용 컴퓨터와 인터넷의 출현에서 비롯되었다. 각 개인은 자신의 컴퓨터 모니터 상에서 인터넷을 통해 무제한으로 쏟아지는 시청각 자료들과 만나게 되고, 이들과 상호작용(inter-active)을 하면서 이들을 자신의 편의에 따라 조작한다. 이렇게 해서 현실과 가상의 경계가 허물어진, 마치 도깨비 집과도 같은 극(極)현실성(hyper-reality)의 공간이 창조된다. 사이버공간에는 물론 현재와 과거의 구분도 없다. 현재와 과거를 연결시키던 기존의 형식들, 즉 기억과 역사는 여기서 사라져버리고 대신 디지털방식의 기억장치, 즉 '램(RAM, random access memory)'이 등장한다. 이로써 과거는 항시 임의적으로 접근할 수 있는 기억장치의 일부가 된다. 이와 같이 전적으로 새로운 경향에 직면하여 박물관은 위기를 겪지 않을 수 없다. 기존 방식의 수집과 보존, 분류와 전시는 더 이상 유지되기 힘들다. 결국 박물관은 문서보관소 및 도서관과 연계하여 멀티미디어 정보공간으로서 활로를 개척한다. 실제 유물은 없고 인터넷을 통해 모니터 상에서만 존재하는 가상적 박물관, 이른바 '사이버박물관'이 등장한 것이다.[45] 그것은 복합적 기능과 임의적 접근방식, 그리고 가상성이라는 측면으로 볼 때 일종의 현대판 '기억극장'이라고 할 수 있다.

이제 박물관이 그간 지녀왔던 고유의 영역은 사라지고 있다. 19세기의 박물관은 여흥의 공간이 아니라 세속화된 신전에 가까웠다. 그것은 독일 낭만주의 시인 휠덜린(Friedrich Hölderlin)이 염원했던 '미의 성전'을 거의 실현한 것처럼 보였다.[46] 20세기의 박물관에서도 여전히 교양계층의 고상한 취향이 주도권을 행사해왔다. 그러나 '문화재 산업'과 '사이버공간'은 이러한 오랜 전통을 종식시켰다. 박물관은 누구나 항시 '임의적으로 접근'할 수 있는 공간이 되었다. 공적 영역과 사적 영역을 가로막았던 높은 담장은 허물어졌다. 박물관은 더 이상 특수한 장소가 아니다. 어쩌면 이제는 우리의 문화 전체가 '박물관화'되었다고까지 말할 수 있겠다.[47] 현대문화는 새로운 것의 창조보다는 과거에 대한 향수로 가득 차 있다. 증대되는 현대화의 물결은 우리에게 끊임없는 변화를 강요하며 그럼으로써 미래에 대한 우리의 전망을 점점 더 불투명하게 만든다. 곧낡은 존재로 전락해버릴지도 모른다는 공포가 우리로 하여금 도피처를 찾게 만든다.[48] 박물관이 바로 이 도피처가 되어준다. 과거의 유물에 대한 호고적 관심이야말로 현실의 시름을 잊기에는 최상의 수단인 것이다. 우리 시대에는 유물에 대한 거의 '물신주의(fetishism)'에 가까운 숭배가 만연해 있다. 이는 창조적인 문화를 위해서는 가히 치명적인 것이다. 결국 박물관은 현대의 문화를 병들게 하는 주범으로 드러난다.

　박물관의 지나친 호황은 곧 박물관의 위기를 말해주는 것이기도 하다. 그러나 그것은 또한 박물관에 대한 보다 깊은 성찰을 고무하는 것이기도 하다. 박물관의 고유 영역이 사라져가는 지금 그것의 고유성이 보다 분명해진다. 박물관과 일상생활 간의 경계가 허물어지거나 과거에 대한 '역사적' 재현방식이 임의적인 조작에 의해 대체되는 등 새로운 경향들이 없었다면 순수한 미의 가치와 역사성 그리고 이러한 사고를 이끌었던 부르주아의 세계관 등은 선험적인 원리로 간주되기 쉬웠을 것이다. 우리 시대의 박물관은 더 이상 '미적 교회'라는 옛 지위를 아쉬워할 필요가 없으며 또한 특정 계층의 관점이나 이해관계를 대변해야 할 필요도 없다. 어차피 변화는 불가항력적인 일이며 설사 외부로부터의 요구가 없다손 치더라도 이제는 변화할 때가 되었다. 이제 필요한 것은 기존의 박물관이 지향했던 가치들 중 현재의 우리에게도 여전히 가치 있는 것들을 골라내는 일이다.

　박물관이 보여주었던 '근대적' 측면 중 존속시켜야 할 부분은 무엇보다 교육기관으로서의 역할이다. 전문지식을 갖춘 인적 자원과 매력적인 소장품들을 보유하고 있는 박물관은 문화적 혜택을 많이 받은 상류층으로부터 평범한 근로자층에까지, 그리고 어린이로부터 성인에 이르는 다양한 연령층의 사람들에게 배움의 기회를 제공한다. 이러한 역할은 박물관의 존립 형태가 사이버공간에 의해 크게 변모되더라도 여전히 유효하다고 말할 수 있다. 문제는 새로운 전자매체를 활용하여 박물관의 교육적 기능을 극대화시킬 수 있는 방법을 마련하는 데 있다.[49] 새로운 수집, 분류, 전시의 전략을 마련하는 일은 박물관 큐레이터의 몫이다. 다만 관람자의 입장에서 그러한 일들에 대해 살펴보는 것도 나름대로 유익할 것이다. 관람자도 자신이 무엇을 어떻게 감상할 것인지, 그럼으로써 과연 무엇을 배울 것인지에 대해 생각해볼 필요가 있다.

박물관으로부터 무엇을 기대할 것인가

박물관에 입장한 감상자가 우선 면전에서 대하는 것은 그곳에 놓여 있는 유물들이다. 이들은 감히 범접하기 힘든 신성함을 자아낸다. 사이버공간이 지배하는 지금의 시대에도 이들은 여전히 신비하게만 보인다. 가상이 현실을 잠식해버리자 오히려 복제되지 않은 '진품으로서의 가치(authenticity)'는 더욱 빛을 보게 되었다. 수많은 사진이나 영상, 정보의 홍수 속에서 거의 익사하기 직전인 우리들은 박물관에서나마 생생한 체험을 할 수 있음에 대해 만족감을 느낀다. 박물관의 유물은 우리의 감각에 직접 호소하면서도 우리의 평범한 일상을 넘어선 아득한 옛 세계로 우리를 초대한다. 가까우면서도 멀고, 우리 앞에 현존하면서도 우리 세계에 속하지 않는 사물들……

우리는 놀라움에 젖는다. 유물들이 완전히 복원되어 있을 필요는 없다. 단지 몇 조각의 파편만으로도, 아니 오히려 그럼으로써 우리의 상상력은 날개를 편다. 과거는 어차피 사라진 지 오래이다. 우리의 상상의 편린들이 새로운 가상적 현실을 창조한다.

유물은 어차피 과거의 파편에 지나지 않는다. 따라서 유물이 과거의 진실을 말해주지는 않는다. 그것은 이미 수집 단계에서부터 많은 후보들 중에 선택된 것이다. 수집에는 이미 특정한 의도가 개입되어 있다. 물론 공공기관인 박물관에서는 수집가 개인의 기호보다는 시대적 요청에 따라 수집이 이루어진다. 또 여기에는 미술사, 미학, 역사학 등 학문 연구의 성과가 대거 반영된다. 박물관은 또한 단순히 유물을 수집하여 보관하는 곳만이 아니라 그것에 의미를 부여하는 곳이다. 과거의 파편은 원래의 자리에서 해체되어 다시금 새로운 의미의 틀 속에 놓여진다. 유물은 당파성에 민감한 존재이다. 그것은 결코 중립을 지키지 않는다. 박물관에서 유물의 움직임을 면밀히 관찰해보면 그것이 화석처럼 고정되어 있다는 가정은 틀린 것임이 분명해진다. 사실 박물관에서 정말로 중요한 것은 유물들 자체보다는 그들 간의 관계이다. 이 관계를 규정하는 작업을 우리는 '전시'라고 부른다. 박물관에서의 전시란 항상 허구적 요소를 필요로 한다. 전시는 유물이라는 단어들을 동원하여 꾸미는 현란한 시각적 수사(修辭)이다. 그 문장에 해낭하는 것은 전시공간이며 그것의 문법을 구성하는 것은 공간

디자인, 유물의 배치, 조명, 보조 텍스트 등과 같은 요소들이다. 본래의 수사에서 개개의 단어보다는 전체 문장의 구성이 더 중요하듯이, 전시가 효과를 보기 위해서는 개개의 유물을 단장하는 일보다 공간 전체의 분위기를 조성하는 데 주력할 필요가 있다. 물론 현란한 수사도 그것을 받아들이는 쪽에서 아무런 응답이 없다면 무의미한 것이다. 전시는 관람자를 전제로 한다. 관람자의 기대감과 지식은 전시의 의미를 전달하기 위해 반드시 필요하다. 그러나 전시와 관람자와의 관계가 일방적인 것만은 아니다. 관람자는 전시를 제 나름대로 수용한다. 전시는 매일매일 관람자들이 그것을 보고 자신들만의 고유한 해석을 내림에 따라 끊임없이 새로운 의미를 획득해간다. 따라서 전시의 의미는 미리 주어진 채로 전달되는 것이 아니라 관람자와의 의사소통을 통해 계속해서 만들어져가는 것이다.[50]

유물의 수집과 전시 그리고 수용은 복합적인 의미 창조의 과정이다. 그렇지만 유물의 가변성을 너무 과장하지는 말자. 이 모든 과정을 가능하게 하는 것은 여전히 유물 자체의 힘이다. 유물의 진품성이 의심받는 순간 모든 것은 무의미해지고 만다. 이는 역사적 사건이 실제로 발생한 적이 없다면 그 의미를 논하는 것이 아예 불가능한 것과 같은 이치이다. 그렇기에 유물은 소중히 보존되어야 한다. 이 점에서 사이버박물관은 취약하다. 진품을 보존하고 있는 한 기존의 박물관은 아직도 권위를 지니고 있다. 다만 박물관은 그 안에서 행해지는 개개의 전시가 유물에 담긴 모든 의미를 드러내지는 못한다는 점을 분명히 해줄 필요가 있다. 공개된 '속임수'는 연극적인 즐거움을 선사한다. 결국 가장 훌륭한 박물관 전시는 큐레이터에 의해 부여된 의미를 공개하면서 관람객들을 의미의 창조 과정에 동참시킬 수 있는 전시이다.[51]

박물관에서 이렇게 복합적인 과정을 거쳐 창조되는 의미는 개인적인 것만은 아니다. 물론 큐레이터나 관람자 개인이 독자적으로 상상력을 발동시킬 수도 있겠지만 이것마저도 박물관이라는 공적인 기관에서 이루어지는 의사소통의 과정인 한 순전히 개인적인 것이라고 단정할 수는 없다. 박물관의 전시실은 근대 이전의 상류층이 소유하던 '경이로운 방'이 아니다. 전시란 말 그대로 '전시'인 한 이미 사회적인 차원을 내포하고 있다. 전시는 사회가 요구하는 의미를 고유한 시각적 수사를 통해 제시하며 이를 통해 사회적 의사소통의 장을 마련한다. 관람자는 여기에 참여하는 과정을 통하여 사회 구성원으로서의 정체성을 획득할 수 있다. 철학자 칸트가 말했듯이, 한 사회의 구성원들은 공동의 '취향'을 만들어감으로써 비로소 공동체에 대한 자발적인 소속감을 갖게 된다. 박물관은 바로 이러한 취향의 공유가 이루어지는 곳이다.

물론 우리 시대의 박물관은 근대 초기와는 매우 다른 사회적 환경 속에 위치해 있다. 기존의 민족적, 인종적, 사회적 질서와 가치규범이 지배력을 잃고 대신 주변부적, 반문화적, 초민족적 문화들의 혼재양상(hybridity)이 빚어지고 있다. 박물관

파리 소재 퐁피두 센터(Centre Pompidou)의 현관 홀.

은 이제 이러한 변화된 환경에 적극적으로 대응하고 있으며,
박물관은 민족문화의 전당이라는 옛 규범에서 탈피하여 현대
다문화주의(multiculturalism)의 아성으로서 차츰 변모되고 있
다.52) 때로는 국제적인 때로는 지방색이 넘치는 모습으로 교체
를 거듭하는 전시행사들은 박물관이 더 이상 공동의 취향이
아닌 상이한 취향들의 경연장이 되었음을 말해준다. 우리는 여
기서 현실의 시름을 잠시 잊고서 낯선 문화들을 '소비'하며 즐
거움을 느낀다. 우리는 더 이상 '정숙'한 몸가짐과 심오한 사
색을 강요받지 않는다. 편의시설을 포함한 복합 문화센터의 양
상을 띠어가는 현대 박물관들은 별다른 의미보다는 즐거움을
선사하는 곳이다. 그렇지만 이러한 새로운 경향이 신근대식
'박물'관의 복귀를 나타내는 것은 아니다. 이전의 진지함을 많
이 상실하기는 했지만 박물관은 아직도 배움의 터로 남아 있
다. 박물관을 통해 우리의 취향은 세련되고 폭넓어진다. 우리

는 이를 통해 모든 종류의 근본주의(fundamentalism)로부터 자유로운 복수(複數)의 정체성을 얻는다.

교육기관으로서의 박물관이라는 발상은 지극히 근대적인 규범에 속하는 것이다. 여기에는 시민들이 과거의 유산에 대해 배움으로써 올바른 사회생활을 위한 지성과 인격을 형성해 갈 수 있으리라는 믿음이 전제되어 있다. 이는 박물관이 미적 취향을 만족시키는 곳이라는 또 다른 근대 규범과 상충된다. 현대 박물관은 이 두 규범 모두를 고수하려 한다. 흔히 말해지는 것과는 달리 근대성은 아직 종결되지 않았다. 철학자 칸트가 화합시키려 했던 감성적 체험과 이성적 도야(陶冶)는 아직도 힘을 겨루고 있다. 이런 점에서 보면 박물관은 여전히 근대의 양면성을 비추는 거울인 셈이다.

주

1) 성혜영, 『박물관이 나에게 말을 걸었다』(휴머니스트, 2004), pp.61-69.

2) Peter Burke, *The Italian Renaissance : Culture and Society in Italy* (Princeton, 1999), pp.89-124.

3) 국내에만 해도 여러 소개서가 있다. 특히, 임영방, 『이탈리아 르네상스의 인문주의와 미술』(문학과지성사, 2003), p.257 이하 : 이은기, 『르네상스 미술과 후원자』(시공사, 2002), pp.132-168 : 크리스토퍼 히버트, 『메디치 가 이야기 : 부·패션·권력의 제국』(한은경 옮김, 생각의 나무, 1999) 참조.

4) 코시모 데 메디치는 예술뿐 아니라 고대문헌 연구를 적극 지원하였다. 그가 설립한 '플라톤 아카데미(Academia Platonica)'는 15세기 문예부흥에 선도적 역할을 담당하였다.

5) 이은기, 앞의 책, pp.325-365.

6) 이 글은 현대 프랑스 철학자 푸코가 서구세계 지식 패러다임의 변천을 크게 '르네상스적' '고전주의적' '근대적' '인식소(episteme)'로 구분한 것에 착안하였다. 미셸 푸코, 『말과 사물』(민음사, 1997) 참조.

7) 르네상스시대의 '비학'에 관해서는 이종흡, 『마술, 과학, 인문학』(지영사, 1999) 참조.

8) 피에르 프랑카스텔, 『미술과 사회』(민음사, 1998), p.21 이하 : Randolph Starn, "Seeing Culture in a Room for a Renaissance Prince"(Lynn Hunt(ed.), *The New Cultural History,* Berkeley, Los Angeles, London, 1989), pp.205-232.

9) 이탈리아어로는 'gabinetto'라고 한다.

10) 영어권에서는 이를 'cabinet of curiosity'라고 번역한다. 이에 관해서는 Eilean Hooper Greenhill, *Museums and the shaping of knowledge* (London, New York, 1995), p.78 이하 : Krzysztof Pomian, "Museum und kulturelles Erbe"(Gottfried Korff, Martin Roth(eds.), *Das historische Museum : Labor, Schaubühne, Identitätsfabrik,* Frankfurt a. M., New York, 1990), p.45 이하 : Oliver Impey, Arthur MacGregor(eds.), *The Origins of Museums : The Cabinet of Curiosities in Sixteenth-and Seventeenth-Century*

Europe(Oxford, 1985) : 최정은, 『보이지 않는 것과 말할 수 없는 것 : 바로크시대의 네덜란드 정물화』(한길아트, 2000), p.80 이하 참조.

11) Frances A. Yates, *The Art of Memory*(Chicago, 1974), pp.129-159.

12) 전진성, 「기억과 역사 : 새로운 역사·문화이론의 정립을 위하여」 (『한국사학사학보』, no.8, 2003), p.112 이하 : 조너선 D. 스펜스, 『마테오 리치, 기억의 궁전』(이산, 2002), pp.21-45 : 알라이다 아스만, 『기억의 공간』(경북대학교출판부, 1999).

13) Eliska Fucikova, "The collection of Rudolf II at Prague : cabinet of curiosities or scientific museum?"(O. Impey, A. MacGregor(eds.), *The Origins of Museum*, Oxford, 1985), pp.47-55.

14) 17세기 초 옥스퍼드의 의사 플러드(Robert Fludd)는 브루노의 마술적 우주론의 영향을 받아 기억극장에 관한 새로운 구상을 제시하였다. 그가 만든 공간은 '자연 전체의 거울'인 '프톨레마이오스의 우주'를 보여주는데 여기서 천구를 가르는 황도대(黃道帶)에는 알파벳 순서로 된 만물의 명부가 알레고리적 이미지와 결부되어 빼곡히 적혀 있다. 예를 들면 자연을 보조하는 지위로 규정된 예술은 원숭이로 표현되어 있다. 이와 같은 알레고리의 체계를 통하여 전 우주의 질서가 재생된다. Frances A. Yates, 앞의 책, pp.342-367.

15) 조지 엘리스 버코, 『큐레이터를 위한 박물관학 : 박물관학과 박물관 업무의 이론과 실제』(양지연 옮김, 김영사, 2001), p.36.

16) Eilean Hooper-Greenhill, 앞의 책, p.172 이하. 박물관 제도의 성립과정과 의미에 관해서는 Tony Bennett, *The Birth of the Museum* (London, 1995) : Vera L. Zolberg, "'An Elite Experience for Everyone' : Art Museum, the Public, and Cultural Literacy"(Daniel Sherman, Irit Rogoff(eds.), *Museum Culture : Histories, Discourses, Spectacles*, Minneapolis, 1994), pp.49-65 : Andrew McClellan, *Inventing the Louvre*(New York, 1994) : Krzysztof Pomian, *Der Ursprung des Museums : Vom Sammeln*(Berlin, 1988).

17) Eilean Hooper-Greenhill, 앞의 책, p.178.

18) Giorgio Vasari, *The Lives of the Artists*(Bondanella(trans.), Oxford, 1998).

19) 1563년 피렌체에는 최초의 '미술 학교'라 할 수 있는 '디세뇨

아카데미아(Accademia del Disegno)'가 창립되었다.

20) P.O. Kristeller, "The modern system of the arts(I)"(*Journal of the History of Ideas*, no.12, 1952), p.508.

21) Vasari, *The Lives of the Artists*, p.420 : Burke, *The Italian Renaissance*, pp.48-49.

22) W. 타타르키비츠, 『예술개념의 역사 : 테크네에서 아방가르드까지』(김채현 옮김, 열화당, 1986), pp.25-45. 독일어권에서도 거의 유사한 변화 과정이 나타났다. 영어의 'art'에 해당하는 독일어의 'Kunst'로부터 'fine arts'에 해당하는 'schöne Künste'가 분화되었다. 그런데 독일어권의 미술 개념에는 좀 특이한 점이 있었다. 미술 개념은 오래도록 '과학(Wissenschaft)' 개념과 친족관계를 유지했다. 18세기 말까지 'schöne Künste'는 'schöne Wissenschaften'과 분화되지 않았다. 이는 독일에서 예술과 깊은 친화성을 갖는 '정신과학(Geisteswissenschaft)'의 개념이 등장하는 토대가 되었다. W. Bumann, "Der Begriff der Wissenschaft im deutschen Sprach- und Denkraum"(A. Diemer(ed.), *Der Wissenschaftsbegriff : Historische und systematische Untersuchungen*, Meisenheim a. Gl., 1970), p.70. 현재 독일어에서는 미술에 해당하는 말로 'schöne Künste' 대신 'bildende Kunst'가 쓰인다.

23) 먼로 C. 비어슬리, 『미학사』(이론과 실천, 1987), pp.203 이하.

24) 앞의 책, p.242 이하. 칸트의 이러한 사고는 대문호 쉴러(Friedrich von Schiller)에 의해 '심미적 교육'의 이념으로 발전되었다. 이에 따르면 예술은 인간을 도덕적으로 교육하는 최상의 수단이다. 인간에게는 누구에게나 '놀이충동(Spieltrieb)'이 잠재해 있다. 근대인은 물질적 욕망에 얽매이면서 이러한 본연의 충동을 억누르게 되었지만 예술을 통하여 다시금 자신의 감수성에 눈을 뜰 수 있게 된다. 자신의 감성을 세련시킴으로써 인간은 물질적 '필연'의 영역으로부터 도덕적 '자유'의 영역으로 나아간다. 이처럼 인격적으로 독립된 기品고운 개체들을 통해서 비로소 견실한 공동체가 전망될 수 있다. *Über die ästhetische Erziehung des Menschen*(Ditzingen, 2000).

25) Johann Joachim Winckelmann, *Geschichte der Kunst des Altertums* (Darmstadt, 1993).

26) Hans Ulrich Gumbrecht, "Modern, Modernität, Moderne"(*Geschichtliche*

Grundbegriffe, vol.4, 1978), p.93 이하.

27) Reinhart Koselleck, "Geschichte, Historie"(Otto Brunner(eds. et. al.), *Geschichtliche Grundbegriffe : Historisches Lexikon zur politisch-sozialen Sprache in Deutschland*, vol.2, 1992), p.593 이하.

28) Dider Maleuve, *Museum Memories : History, Technology, Art*(Stanford, 1999), p.9 이하 : Wolfgang Kemp, "Kunst wird gesammelt- Kunst kommt ins Museum"(Werner Busch, Peter Schmoock(eds.), *Kunst : Die Geschichte ihrer Funktionen*, Weinheim, Berlin, 1987), pp.153-177. 그 밖에 프랑스에서의 '공동체 유산(patrimoine)' 개념의 탄생에 관해서는 임승휘, 「프랑스 '문화유산'과 박물관의 탄생」 (『역사와 문화』, no.8, 2004), pp.9-28 참조.

29) Francis Haskell, *History and Its Images : Art and the Interpretation of the Past*(New Haven, 1993) : Carol Duncan, *Civilizing Rituals : Inside Public Art Museum*(London, 1995) 참조.

30) Francis Haskel, *The Ephemeral Museum : Old Master Paintings and the Rise of the Art Exhibition*(New Haven, London, 2000).

31) Pierre Bourdieu and Alain Darbel, *The Love of Art : European Art Museums and Their Public*(Standford, 1990), p.113.

32) 영어로는 'historicity', 독일어로는 'Geschichtlichkeit'라고 한다. 이는 독일 철학자 하이데거가 도입한 개념으로서 그 기본 골자는 모든 개별자가 특정한 시대에 귀속된다는 것이다. 이 개념을 통해 기존에 확실하다고 믿어왔던 모든 규범은 시간적으로 상대화된다. Martin Heidegger, *Sein und Zeit*(Tübingen, 2001), p.372 이하.

33) 니체, 「삶에 대한 역사의 공과」(임수길 옮김, 『반시대적 고찰』, 청하, 1990), pp.107-189.

34) F. 니체, 『비극의 탄생』(곽복록 옮김, 범우사, 2002).

35) Margaret Iverson, *Alois Riegl - Art History and Theory*(Cambridge, 1993), p.5.

36) 미술관의 특권적 지위가 상실된 이유 중 빼놓을 수 없는 것이 제국주의 국가들의 문화재 약탈이다. 세계 각지의 식민지로부터 엄청난 양의 유물이 제국주의 본국에 유입되자 좁은 '고전미술'의 터는 곧 이에 잠식당하고 말았다. 물론 비서구 세계로부터의 문화재 약탈은 이미 지리상의 발견 이래 계속

되어온 것이었으나 그것이 근대 박물관의 구조에 영향을 끼치기 시작한 것은 19세기 후반부터였다. Tim Barringer, Tom Flynn(eds.), *Colonialism and the Object : Empire, Material Culture and the Museum*(London, 1998) 참조.

37) Thomas Nipperdey, *Deutsche Geschichte 1800~1866 : Bürgerwelt und starker Staat*(München, 1983), p.533 이하.

38) Peter Böttiger, *Die alte Pinakothek in München. Architektur : Ausstattung und museales Programm*(München, 1972), p.20.

39) James J. Sheehan, *Museums in the German Art world : From the End of the Old Regime to the Rise of Modernism*(Oxford, New York, 2000), p.56.

40) Jürgen Kocka, Manuel Frey(eds.), *Bürgerkultur und Mäzenatentum im 19. Jahrhundert*(Berlin, 1998), p.34 : Wolfgang J. Mommsen, *Bürgerliche Kultur und künstlerische Avantgarde : Kultur und Politik im deutschen Kaiserreich 1870~1918*(Frankfurt a. M., Berlin, 1994) : Ekkehard Mai, Peter Paret(eds.), *Sammler, Stifter und Museen : Kunstförerung der in Deutschland im 19. und 20. Jahrhundert*(Köln, Weimar, Wien, 1993).

41) Sheehan, *Museums in the German Art world*, p.110 이하 : Peter Paret, *German Encounters with Modernism 1840~1945*(Cambridge, 2001), p.92 이하.

42) 항상 위태롭기는 했지만 츄디는 이후 9년 동안이나 국립 미술관장직을 유지했다. 1909년 그가 이 자리를 내놓았을 때도 사직의 이유는 뮌헨의 피나코텍의 신임 관장직을 맡는다는 것이었다.

43) 독일문화가 전적으로 보수주의적이었던 것만은 아니다. 타국에서 나타나는 새로운 경향은 독일에서도 예외 없이 나타났다. 프랑스의 '아르누보'는 독일어권에서 '유겐트슈틸(Jugendstil)'로 나타났고 영국의 '공예 운동'에 상응하는 독일적 공예 운동을 추구하는 '수공업자 동맹(Werkbund)'이라는 단체도 등장하였다. 또한 베를린과 뮌헨 그리고 비엔나에서는 아카데미와 미술관을 탈피하려는 '분리파(Sezession)' 운동도 있었다. 이러한 경향은 20세기 독일의 미술관에 고스란히 반영되었다.

44) 이 개념의 발원지는 영국이다. 이에 관한 학문적인 분석으로

는 Robert Hewison, *The Heritage Industry*(London, 1987) 참조. 그
밖에 영국에서 베스트셀러였던 David Lowenthal, *The Past is a
Foreign Country*(Cambridge, (1985)1990) 참조.

45) Friedrich Kittler, "Museums on the Digital Frontier"(Thomas
Keenan(ed.), *The End(s) of the Museum*, Barcelona, 1996), pp.67–80.

46) Theodore Ziolkowski, *German Romanticism and Its Institutions* (Princeton,
1992), p.309 이하.

47) Henri Pierre Jeudy, *Die Welt als Museum*(Berlin, 1987) : Eva Sturm,
Musealisierung : Motive, Formen, Wirkungen(Berlin, 1992) : Wolfgang
Zacharias, *Zeitphänomen Musealisierung*(Essen, 1990).

48) Hermann Lübbe, *Die Aufdringlichkeit der Geschichte*(Graz, Wien, Kö
ln, 1989) : Odo Marquard, *Apologie des Zufälligen*(Stuttgart, 1986),
p.93.

49) Eilean Hooper-Greenhill(ed.), *The Educational Role of the Museum*
(London, New York, 1999) : George E. Hein, *Learning in the Museum*
(London, New York, 1998). 최근 들어 국제박물관협회(The
International Council of Museums)에서 내린 정의에 따르면 박물
관은 비영리적인 공공교육기관에 속한다. http://icom.museum/
definition.html 참조.

50) Sharon J., Macdonald(ed.), *The Politics of Display : Museums, Science,
Culture*(London, 1998).

51) Charles Saumarez Smith, "Museums, Artefacts, and Meanings"(Peter
Vergo(ed.), *The New Museology*, London, (1991)2000), pp.6–21. 근래에
는 박물관 수장고를 대중들에게 개방하고 전문가와 대중이 함
께 만들어가는 새로운 형태의 전시가 등장하고 있다. 사이버박
물관의 등장은 이러한 경향을 촉진시키고 있다.

52) 윤난지, 「성전과 백화점 사이, 후기 자본주의 시대의 미술관」
(『월간미술』, April, 2002), pp.196–205.

프랑스엔 〈크세주〉, 일본엔 〈이와나미 문고〉,
한국에는 〈살림지식총서〉가 있습니다.

📱 전자책 | 🔍 큰글자 | 🔊 오디오북

박물관의 탄생

| 펴낸날 | 초판 1쇄 2004년 5월 15일 |
| | 초판 8쇄 2022년 9월 30일 |

지은이	전진성
펴낸이	심만수
펴낸곳	(주)살림출판사
출판등록	1989년 11월 1일 제9-210호

주소	경기도 파주시 광인사길 30
전화	031-946-1350 팩스 031-624-1356
홈페이지	http://www.sallimbooks.com
이메일	book@sallimbooks.com

| ISBN | 978-89-522-0224-6   04080 |
| | 978-89-522-0096-9   04080 (세트) |

085 책과 세계

강유원(철학자)

책이라는 텍스트는 본래 세계라는 맥락에서 생겨났다. 인류가 남긴 고전의 중요성은 바로 우리가 가 볼 수 없는 세계를 글자라는 매개를 통해서 우리에게 생생하게 전해 주는 것이다. 이 책은 역사라는 시간과 지상이라고 하는 공간 속에 나타났던 텍스트를 통해 고전에 담겨진 사회와 사상을 드러내려 한다.

056 중국의 고구려사 왜곡   eBook

최광식(고려대 한국사학과 교수)

중국의 고구려사 왜곡의 숨은 의도와 논리, 그리고 우리의 대응 방안을 다뤘다. 저자는 동북공정이 국가 차원에서 진행되는 정치적 프로젝트임을 치밀하게 증언한다. 경제적 목적과 영토 확장의 이해관계 등이 복잡하게 얽혀 있는 동북공정의 진정한 배경에 대한 설명, 고구려의 역사적 정체성에 대한 문제, 고구려사 왜곡에 대한 우리의 대처방법 등이 소개된다.

291 프랑스 혁명   eBook

서정복(충남대 사학과 교수)

프랑스 혁명은 시민혁명의 모델이자 근대 시민국가 탄생의 상징이지만, 그 실상을 아는 사람은 많지 않다. 프랑스 혁명이 바스티유 습격 이전에 이미 시작되었으며, 자유와 평등 그리고 공화정의 꽃을 피기 위해 너무 많은 피를 흘렸고, 혁명의 과정에서 해방과 공포가 엇갈리고 있었다는 등의 이야기를 통해 프랑스 혁명의 실상을 소개한다.

139 신용하 교수의 독도 이야기   eBook

신용하(백범학술원 원장)

사학계의 원로이자 독도 관련 연구의 대가인 신용하 교수가 일본의 독도 영토 편입문제를 걱정하며 일반 독자가 읽기 쉽게 쓴 책. 저자는 역사적으로나 국제법상으로 실효적 점유상으로나, 어느 측면에서 보아도 독도는 명백하게 우리 땅이라고 주장하며 여러 가지 역사적인 자료를 제시한다.

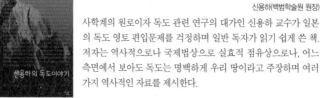

144 페르시아 문화

신규섭(한국외대 연구교수)

인류 최초 문명의 뿌리에서 뻗어 나와 아랍을 넘어 중국, 인도와 파키스탄, 심지어 그리스에까지 흔적을 남긴 페르시아 문화에 대한 개론서. 이 책은 오랫동안 베일에 가려 있던 페르시아 문명을 소개하여 이슬람에 대한 편견과 오해를 바로 잡는다. 이태백이 이란계였다는 사실, 돈황과 서역, 이란의 현대 문화 등이 서술된다.

086 유럽왕실의 탄생

김현수(단국대 역사학과 교수)

인류에게 '예술과 문명' 그리고 '근대와 국가'라는 개념을 선사한 유럽왕실. 유럽왕실의 탄생배경과 그 정체성은 무엇인가? 이 책은 게르만의 한 종족인 프랑크족과 메로빙거 왕조, 프랑스의 카페 왕조, 독일의 작센 왕조, 잉글랜드의 웨섹스 왕조 등 수많은 왕조의 출현과 쇠퇴를 통해 유럽 역사의 변천을 소개한다.

016 이슬람 문화

이희수(한양대 문화인류학과 교수)

이슬람교와 무슬림의 삶, 테러와 팔레스타인 문제 등 이슬람 문화 전반을 다룬 책. 저자는 그들의 멋과 가치관을 흥미롭게 설명하면서 한편으로 오해와 편견에 사로잡혀 있던 시각의 일대 전환을 요구한다. 이슬람교와 기독교의 관계, 무슬림의 삶과 낭만, 이슬람 원리주의와 지하드의 실상, 팔레스타인 분할 과정 등의 내용이 소개된다.

100 여행 이야기

이진홍(한국외대 강사)

이 책은 여행의 본질 위를 '길거리의 철학자'처럼 편안하게 소요한다. 먼저 여행의 역사를 더듬어 봄으로써 여행이 어떻게 인류 역사의 형성과 같이해 왔는지를 생각하고, 다음으로 여행의 사회학적·심리학적 의미를 추적함으로써 여행에 어떤 의미를 부여할 것인가에 대해 말한다. 또한 우리의 내면과 여행의 관계 정의를 시도한다.

293 문화대혁명 중국 현대사의 트라우마   eBook

백승욱(중앙대 사회학과 교수)

중국의 문화대혁명은 한두 줄의 정부 공식 입장을 통해 정리될 수 없는 중대한 사건이다. 20세기 중국의 모든 모순은 사실 문화대혁명 시기에 집약되어 있다고 해도 과언이 아니다. 사회주의 시기의 국가 · 당 · 대중의 모순이라는 문제의 복판에서 문화대혁명을 다시 읽을 필요가 있는 지금, 이 책은 문화대혁명에 대한 안내자가 될 것이다.

174 정치의 원형을 찾아서   eBook

최자영(부산외국어대학교 HK교수)

인류가 걸어온 모든 정치체제들을 매우 짧은 기간 동안 시험하고 정비한 나라, 그리스. 이 책은 과두정, 민주정, 참주정 등 고대 그리스의 정치사를 추적하고, 정치가들의 파란만장한 일화 등을 소개하고 있다. 특히 이 책의 저자는 아테네인들이 추구했던 정치방법이 오늘 우리 사회가 당면한 문제를 해결할 수 있는 지혜의 발견에 도움을 줄 수 있을 것이라고 말한다.

420 위대한 도서관 건축순례   eBook

최정태(부산대학교 명예교수)

이 책은 도서관의 건축을 중심으로 다룬 일종의 기행문이다. 고대 도서관에서부터 21세기에 완공된 최첨단 도서관까지, 필자는 가능한 많은 도서관을 직접 찾아보려고 애썼다. 미처 방문하지 못한 도서관에 대해서는 문헌과 그림 등 가능한 많은 정보를 수집하려 노력했다. 필자의 단상들을 함께 읽는 동안 우리 사회에서 도서관이 차지하는 의미에 대해 다시 생각하게 된다.

421 아름다운 도서관 오디세이   eBook

최정태(부산대학교 명예교수)

이 책은 문헌정보학과에서 자료 조직을 공부하고 평생을 도서관에 몸담았던 한 도서관 애찬가의 고백이다. 필자는 퇴임 후 지금까지 도서관을 돌아다니면서 직접 보고 배운 것이 40여 년 동안 강단과 현장에서 보고 얻은 이야기보다 훨씬 많았다고 말한다. '세계 도서관 여행 가이드'라 불러도 손색없을 만큼 풍부하고 다채로운 내용이 이 한 권에 담겼다.

역사 · 문명

eBook 표시가 되어있는 도서는 전자책으로 구매가 가능합니다.

(주)살림출판사
www.sallimbooks.com
주소 경기도 파주시 문발동 522-1 | 전화 031-955-1350 | 팩스 031-955-1355